dtv

»Wie oft warst du nicht die Heldin in meinen idealischen Träumen!«

Dieter Hildebrandt holt eine ungewöhnliche Frau in die Gegenwart zurück: Christophine Reinwald, geborene Schiller (1757–1847). Friedrich Schiller nannte die ältere Schwester seine früheste Heldin, denn nur bei ihr empfand er in seiner strengen Familie Geborgenheit. Ihr langes Leben gliederte sich in drei Kapitel: zuerst die Sorge um die jüngeren Geschwister, dann, mit 28 Jahren, die leidenschaftslose Vernunftehe mit dem Meininger Bibliothekar Reinwald. 30 Jahre später ist sie Witwe und lernt nun, was ihrem Bruder über Nacht gelungen war: die Freiheit, ein eigenes Leben zu führen. Sie reist, malt, pflegt Freundschaften und empfängt Schiller-Verehrer.

Dieter Hildebrandt wurde 1932 in Berlin geboren und lebt heute als Publizist und Schriftsteller im Spessart. Er veröffentlichte u. a. ›Ödön von Horváth‹ (1975), ›Lessing. Biographie einer Emanzipation‹ (1979), ›Pianoforte. Der Roman des Klaviers im 19. Jahrhundert‹ (1985), ›Piano, piano! Der Roman des Klaviers im 20. Jahrhundert‹ (2000), ›Die Neunte. Schiller, Beethoven und die Geschichte eines musikalischen Welterfolgs‹ (2005) und ›Die Sonne‹ (2010).

Dieter Hildebrandt

Schillers erste Heldin

Das Leben der Christophine Reinwald,
geb. Schiller

Deutscher Taschenbuch Verlag

Von Dieter Hildebrandt sind im <u>dtv</u> erschienen:

›Pianoforte. Der Roman des Klaviers im 19. Jahrhundert‹ (20582)
›Die Neunte. Schiller, Beethoven und die Geschichte eines
musikalischen Welterfolgs‹ (34560)
›Die Sonne. Biographie unseres Sterns‹ (34651)

Ausführliche Informationen über
unsere Autoren und Bücher
finden Sie auf unserer Website
www.dtv.de

MIX
Papier aus verantwor-
tungsvollen Quellen
FSC   FSC® C019821
www.fsc.org

Ungekürzte Ausgabe 2012
Deutscher Taschenbuch Verlag GmbH & Co. KG, München
Lizenzausgabe mit Genehmigung des Carl Hanser Verlag
© Carl Hanser Verlag München 2009
Das Werk ist urheberrechtlich geschützt.
Sämtliche, auch auszugsweise Verwertungen bleiben vorbehalten.
Umschlagkonzept: Balk & Brumshagen
Umschlaggestaltung nach einem Entwurf
von Peter-Andreas Hassiepen, München,
unter Verwendung des Gemäldes
›Elisabeth Christophine Friederike Reinwald,
geb. Schiller‹ (ca. 1789) von Ludovike
Simanowiz, Deutsches Literaturarchiv Marbach
Satz: Fotosatz Amann, Aichstetten
Druck und Bindung: C. H. Beck, Nördlingen
Gedruckt auf säurefreiem, chlorfrei gebleichtem Papier
Printed in Germany · ISBN 978-3-423-34701-3

Es gehört mehr Seelengröße dazu,
sich ins Glück als ins Unglück zu schicken.

Christophine

Inhalt

Passepartout für Christophine

Ein einziges Mal ist sie *Heldin* genannt worden. Das war, als der Bruder, immer noch auf einer Flucht, die ihn in die Unsterblichkeit führen sollte und vorerst nur an den Rand der Verzweiflung trieb, als dieser geliebte und umsorgte Friedrich Schiller ihre ausdauernde Treue mit der Wendung belohnte, sie sei »die Heldin in meinen idealischen Träumen« gewesen. Sonst brachte er Heldinnen zu Papier und auf die Bühne; dieses eine Mal zeichnete er eine Lebende so aus. Ihre Tragik als junge Frau aber war, dass ihr Leben von den idealischen Träumen des Bruders aufs heftigste erschüttert wurde.

Zwei Jahre älter war sie als er, und um 42 Jahre hat sie ihn überlebt. Friedrich Schiller starb mit 45 Jahren, ihr fehlten nur wenige Tage zum 90. Geburtstag. Zur Hälfte gehörte sie dem 18., zur anderen dem 19. Jahrhundert an. Ihre neun Jahrzehnte aber teilen sich in drei nahezu gleiche Spannen: Fast dreißig Jahre lang blieb sie im Elternhaus, schon bald eine kräftige Stütze im Haushalt und Schreibkraft für den Vater, Hüterin der kleineren Schwestern, den Bruder umhegend wie einen geheimen Schatz. Dann weitere dreißig unter dem Regiment eines Ehemanns, den sie durch den Bruder kennengelernt, aber gegen dessen Willen geheiratet hatte. Und noch einmal dreißig Jahre waren ihr vergönnt im Witwenstand; da lernte sie spät, was dem Bruder über Nacht gelungen war: die Freiheit, ein eigenes Leben zu führen. Sie hatte nun keine Gelegenheit mehr zu Heldentaten, sondern gerade noch Kraft genug für Freundschaften, ein paar Reisen, für ein wenig Malerei und für den Umgang mit jungen Menschen: eine Avantgardistin des Älterwerdens.

Das Leben der Christophine Reinwald wäre wohl ohne den genialen Bruder in Vergessenheit geraten. Aber wir versuchen es als ein ganz eigenständiges zu beschreiben. Über weite Strecken folgen wir ihren Briefen und Erinnerungen auf einem langen Lebensweg, den man sich so eigentlich nicht träumen lässt.

I.

Die Komplizin
oder
»Inniggeliebte Schwester!«

1. Im doppelten Boden
(Solitude 1)

Welch ein Fest!

Ein lichtvoller, leuchtender Abend oben über dem Land, weitab von der Residenz, weitab vom Alltagsgeschäft des Regierens, der Herrschaft von Bittschriften und Befehlen! Welch eine illustre Gesellschaft aus nah und fern, sogar aus dem allerfernsten Russland, die sich einfindet beim kleinen Schlösschen, bei diesem entrückten Lustbau mit seiner komfortablen Entourage aus Kavaliershäusern und Pavillons, Kirche und Komödie, Orangerien und Ordonnanzgebäuden. Welch ein Fest!

Ein langer Strom von Kutschen, Landauern, Chaisen und Cabriolets nähert sich dem Schloss durch das schier endlose Spalier der Fackeln auf schnurgerader Allee von Ludwigsburg bis hierher, auf einer Schneise, die der Wille des Herzogs Carl Eugen erst mit dem Lineal vorgezeichnet und dann von seinen Untertanen in die Natur hat schlagen lassen. Da kommen sie an, die Fürstlichkeiten, die Herzöge und Herzoginnen, die Hundertschaften der Grafen und Ritter mit ihren Damen, und lassen sich blenden von diesem Wunder der Illumination, diesen neunzigtausend Fackeln, die eine splendide Regie aufgeboten hat, und tragen selbst mit kühnen Frisurenabenteuern und kostbarem Schmuck zum Widerschein der Lichter bei.

Zum letzten Mal führt dieser opernhafte Abend des 22. September 1782 den Namen des architektonischen Ensembles ad absurdum: Solitude. Von Einsamkeit in diesen Stunden keine Spur, nichts da von Klausur, Weltabkehr, Refugium. Alles soll in diesen Stunden Zauber, Prunk, Verschwendung sein. Noch einmal hat der Herzog von Württemberg seine Solitude, von der er logistisch und seelisch längst Abschied genommen hat, herausgeputzt zu jener Extravaganz, die sie bei hohen Besuchen ausstrahlen sollte. Eine Eremitage als gebauter Augenblickseinfall.

Diese Idee war ihm vor zwanzig Jahren gekommen, als er bei einem herbstlichen Jagdausflug auf diese Anhöhe geritten und von der weiten Aussicht in Richtung Ludwigsburg so überwältigt gewesen war, dass er spontan den Entschluss fasste, hier eine kleine Lustbarkeit zu bauen, eine Einsiedelei abseits seiner Städte Stuttgart, Leonberg und Ludwigsburg, einen zierlichen Bungalow, ähnlich dem Sanssouci des bewunderten Großen Friedrich. Und als wolle er die rasche Eingebung nicht verfliegen lassen, hatte er noch im selben Jahr mit den Vorbereitungen begonnen, er allein ohne die Assistenz des Oberbaudirektors, nur von seinem Hofmaler Guibal beraten im Hinblick auf pittoreske Wirkung. Dann war der Traum in Barbarei übergegangen. Denn die herzogliche Laune stürzte die umliegenden Dörfer mit ihren Bewohnern in eine vierjährige Fronarbeit, in eine rücksichtslose Plackerei und Dienstbarkeit, die die Leute nicht nur ihrer Kraft und der Zeit für ihr eigentliches Tagewerk beraubten, sondern auch der letzten Reste an Sympathie für diesen prasserischen, verschwendungssüchtigen Souverän. Riesige Bäume mussten gefällt und abtransportiert werden, ganze Waldstücke wurden gerodet, Steine von weither angekarrt, um die urtümliche Landschaft in barocke Zierlichkeit aufzulösen. Von dieser allgemeinen Schufterei zeugte denn sogar die Inschrift des Schlosses, als es dann um 1770 fertig war: MODERATORE CARLO DESERTAM SOLITUDINEM LABOR IMPROBUS QUATRIENNO VICIT: Unermüdliche vierjährige Arbeit hatte auf Geheiß Carls eine öde Einsamkeit besiegt. Die Einsamkeit war der Anlage nun als Name geblieben.

An diesem Abend gibt der Herzog seiner europäischen Adelsgesellschaft eine Art Abschiedsvorstellung zu Ehren des Großfürsten Paul von Russland. Das Fest auf der Solitude ist das Finale einer ganzen Woche prunkvoller Divertissements und Bankette, von Jagden und Bällen, Prunkopern und Balletten, die zunächst in

Stuttgart, Hohenheim und Ludwigsburg über die Bühnen gegangen waren, ehe der Tross der großen und kleinen Berühmtheiten, des höchsten, höheren und niederen Adels sich hier oben einfand. Nur der, dem all dieser Aufwand galt, der Großfürst Paul, schien, als die Festivitäten ihrer Stretta zustrebten, nicht mehr ganz auf der Höhe zu sein.

Der Mann, Sohn Katharinas der Großen und, vielleicht, ihres Gemahls Peter (den sie bald aus dem Wege hatte räumen lassen), hatte ja nicht nur die schwäbisch-württembergischen Extravaganzen hinter sich, sondern eine jener *grand tours* durch alle möglichen Königshäuser, wie sie die künftigen Herrscher Europas zu machen pflegten. Er hatte unter dem Pseudonym eines »Grafen von Norden« England, die Niederlande und Frankreich bereist, und zuletzt auch Mömbelgard besucht, das kleine Fürstentum, aus dem ihm eine ganz junge Dorothea zugeführt worden war, die nun, als seine Frau, Maria Federowna hieß. Übrigens war auch seine Mutter, die große Katharina, aus der deutschen Provinz gekommen; als eine Tochter des Fürsten Christian von Anhalt Zerbst hatte sie jahrelang unter der Fuchtel der Zarin Elisabeth gestanden, ehe sie, wie diese, die Macht am Zarenthron an sich riss.

Aber das glanzvolle Ereignis hat einen doppelten Boden. Es ist eine der bizarrsten Inszenierungen der Historie. Seine Brillanz wirft einen Schatten, in dem sich die Zukunft verbirgt, ein neues Jahrhundert, die Macht revolutionärer Ideen, die Geburt eines epochalen Dichters. Der ist, in ebendieser Nacht, auf der Flucht und versucht, der Fessel jenes Herzogs zu entkommen, der da oben sein Fest gibt und ihm die Freiheit des Wortes, das Recht zu schreiben, genommen hat. Er flieht ins Ungewisse und kreuzt auf seinem Fluchtweg noch einmal die Allee, die vor kurzem noch die Prozession der Festgäste aufgenommen hat; wirft einen letzten Blick auf das ferne Ereignis, und es zeigt sich ihm »das Schloß mit all seinen Nebengebäuden in einem Feuerglanz, der sich in der Entfernung von anderthalb Stunden auf das überraschendste ausnahm. Die reine heitere Luft ließ alles so deutlich wahrnehmen, daß Schiller den Punkt zeigen konnte, wo seine Eltern wohnten, aber alsbald mit einem unterdrückten Seufzer ausrief: ›Meine Mutter!‹«

Es ist dieser Flüchtling, der knapp 23-jährige Friedrich Schiller, der den ganzen hochherrschaftlichen Abend ins Licht der Nachwelt rettet. Sein Ruhm und nicht der verblassende des Herzogs wird das Interesse von Historikern und Biographen, von Literaturwissenschaftlern und Heimatforschern auf diese Festlichkeit lenken, die sonst ja nur eine von unzähligen Ablenkungen der Adelsgesellschaft gewesen wäre. Wer wüsste, wäre nicht dieser rebellische Wortwüstling Schiller an diesem Septemberabend auf der Flucht gewesen, noch irgendetwas von den Tausenden von Fackeln auf der Solitude? Wer hätte sich die Mühe gemacht, die Tagebücher der Franziska von Hohenheim, der Mätresse und Meisterin des Herzogs, durchzusehen und zu finden, dass hinter all dem Glanz und Glitzer, hinter den großen Namen und den aufwendigen Kulissen eine Verstörung erkennbar wurde, die nicht mehr nur die eines Abends, sondern einer historischen Stunde war, kurz vor der Französischen Revolution?

Die Aufzeichnungen der Gräfin von Hohenheim lesen sich heute nicht nur kurios, sondern wie eine düstere Ahnung: »in einer großen Confusion auf die Solidude, die Solidid war Gantz manifig Elominirt, u. musste jedermann gefallen, es wahren aber grausam ville fremde da u.feng bald an zu regnen, die Preußes Elisabet war einen Augenplick verlohren, u. alles war wieder ser confus … der Großfürst retirirde sich bald nach der Ankunft u.geng weder in der spektagel noch sa die schene Eluminacion am lorber sal; nach 2 uhr war die Dafel aus, es regnede ser starg, alles retterirde sich nach gehens.«

Der Glanz oben und die schattenhafte Flucht weit unten, die symbolische Konfusion der Herrschaften und das leidenschaftliche Alles-oder-Nichts des Flüchtenden: das sind die beiden Ebenen dieses doppelbödigen Abends, die spirituellen Etagen einer historischen Ungleichzeitigkeit. Hier gleiten zwei Jahrhunderte aneinander vorbei, lösen sich zwei Epochen in stummem, scharadenhaftem Wechsel ab, sieben Jahre, ehe der Zeitenbruch mit dem Sturm auf die Bastille als weltgeschichtliches Datum fixiert wird. Auf der Höhe feiert sich eine abgelebte Gesellschaftsschicht in die Besinnungslosigkeit, auf dem einsamen Weg unten entwirft sich, im Kopf des jungen Dichters, ein Jahrhundert des Idealismus, der Gedankenfreiheit, der persönlichen Würde und der gesprengten Konventionen.

In diesem Hohlraum zwischen zwei sich voneinander abhebenden Geschichtsplateaus spielt sich das Drama der Schillers ab, das panisch lautlose Szenario einer zerreißenden Familie. Es ist ein Vorgang, der umso unheimlicher wirkt, als er sich ganz heimlich vollzieht und fast alle Betroffenen untereinander zu Fremden macht. Denn nichts weiß der Major Johann Kaspar Schiller, Gartenintendant auf ebendieser Solitude und einer der Organisatoren der großen Pracht, von der Desertion seines schwierigen Sohnes aus dem Dienst des Herzogs; ebenjenes Herzogs, dem doch der Vater, bei allen Ärgernissen, seinen Aufstieg verdankt und den anspruchsvollen Alterssitz hier auf dem paradiesischen Gelände; nur eine vage Ahnung darf die Mutter Elisabeth Dorothea haben; ihre jungen Töchter, die sechzehnjährige Louise und gar die erst fünfjährige Nanette, sind ganz aus dem riskanten Spiel.

Den tragischen Part der schuldlos Schuldigen aber muss eine ganz allein auf sich nehmen, die Doppelrolle derer, die heiter im Glanz zu dienen hat und mit dem Herzen (oder besser: den Nerven) bei der Flucht des Bruders ist; die die Wucht des Verrates am Vater ebenso spürt, wie sie den Wunsch nach Selbstbefreiung ihres liebsten Jugendgefährten nachfühlen kann. Die junge Frau von 25 Jahren bangt zweifach: um das Gelingen des riskanten Unternehmens und um das Glück ihrer Familie, das ebendadurch aufs Spiel gesetzt wird. Hier, an diesem Abend, zwischen sämtlichen Stühlen, lernen wir sie erstmals kennen: Christophine, die ältere Schwester Friedrich Schillers, das älteste Kind der Familie.

Wir sehen eine stattliche, energische, temperamentvolle Person vor uns, ein wenig kräftig gebaut und mit zupackenden Bewegungen; ein hübsches Gesicht mit vollen Wangen unterm üppigen Haar. Das Porträt, das ihre Freundin Ludovike von ihr gemalt hat, lässt lebhafte Augen erkennen, einen offenen Blick. Hier oben auf der Solitude ist sie gewissermaßen Mädchen für alles: Sekretärin für den Vater, Haushaltshilfe, Gärtnerin, Hüterin der jüngsten Schwester und Beschwichtigerin, wenn es den stets bereiten Unmut des Vaters gegenüber seinen Untergebenen abzumildern gilt. Und Gastgeberin im Hause Schiller ist sie auch: »Ich hatte als eine kräftige Jungfrau immer viel zu besorgen, da unser lb. Vater sehr gastfreundlich gegen die Fremden war, die die schöne Solitude besuchten; wenn sie ihm gemeldet wurden, ging er selbst hin, um sie kennenzulernen und wenn sie ihm gefielen schickte er den Portier zu uns, daß er sie zu Tische bringe.«

Gäste gibt es bei den Schillers an diesem Abend auch. Vater Schiller hat den für die Hilfskräfte zuständigen Oberamtmann mit seiner Familie eingeladen, sich die Illumination anzusehen. Und das war eine große, neugierige Schar, die nicht nur die Lichter, sondern auch die Lichtgestalten sehen will. Also mischt man sich unter die Zaungäste: »Es wurde erst gegen 1 Uhr nachts die Tafel besetzt«, erinnert sich Christophine Jahrzehnte später, »unsere Gäste wollten sie auch sehen, und ich ging, sie zu begleiten auch dahin, weil ich die Fürstin gerne sehen wollte. Die Großfürstin [von Russland] war eine große schöne Frau, und ihre beiden Schwestern ebenfalls schöne, freundliche Damen; der H. Großfürst aber war nicht schön und ganz eigen; er schlief nicht in dem Bette, sondern lief des Nachts überall in den Anlagen herum.«

Noch einer also, der, wie Friedrich Schiller, in dieser Nacht keinen Schlaf findet, der ruhelos ist, als ahne er sein Schicksal voraus. Vierzehn Jahre später wird Großfürst Paul von seiner Mutter den Zarenthron übernehmen und als Zar Paul I. zum rabiaten Verfolger aller revolutionären Kräfte, zu einem Herrscher ohne Ohr für die Leiden seines Volkes werden. Zu Beginn des neuen Jahrhunderts, 1801, wird er einem Attentat zum Opfer fallen.

Christophines Bericht vom verstörten Zarewitsch folgt noch der

Christophine Reinwald, geb. Schiller, 1789

Satz: »Aber nun, in dieser Nacht also wählte mein Bruder das Vaterland zu verlassen, um nicht so bald vermißt zu werden.« Soll heißen, dass das Fest die beste Tarnung für die Flucht ist. Sie weiß seit langem von seinem Vorhaben; aber erst vor wenigen Tagen hat sie das genaue Datum erfahren. Der Bruder hat es ihr bei seinem letzten Besuch auf der Solitude gesagt, als er plötzlich und geradezu störend mit seinem Freund Andreas Streicher und einer Dame vom Mannheimer Theater, der Souffleuse Meyer, mitten in die Vorbereitung für die große Gala hineingeplatzt war.

Streicher, der junge Musiker und Komplize der Flucht, hat Jahrzehnte später ein von der Erinnerung besänftigtes Buch über die Vorgänge geschrieben und auch diese Szene erwähnt: »In der elterlichen Wohnung angekommen, war nur die Mutter und Christophine zugegen. So freundlich auch die Begrüßung war, machte sich doch bald eine beklommene Stimmung bemerkbar. Die sorgenvolle Mutter war kaum eines Wortes fähig. Da trat der Vater ins Zimmer, ganz erfüllt von den Vorbereitungen für den Besuch des russischen Gastes. Völlig unbefangen erzählte er von dem umfangreichen Programm der vorgesehenen Solitudefestlichkeiten … Während dem entfernten sich Mutter und Sohn unbemerkt. Nach einer Stunde kehrte Schiller zur Gesellschaft zurück, aber ohne seine Mutter. Wie schmerzhaft das Lebewohl von beiden ausgesprochen sein mußte, ersah man an den Gesichtszügen des Sohnes, sowie an seinen feuchten, geröteten Augen …«

Der Vater bemerkt die Verstörung des Sohnes nicht. Wie auch sollte er ahnen, daß er seinen Fritz erst nach mehr als einem Jahrzehnt wiedersehen wird? Dass der Abschied, den er nimmt wie nach allen früheren Besuchen, einer auf unbestimmte Zeit ist? Kaspar Schiller ist auch nicht in der Verfassung, sich auf Befindlichkeiten einzulassen, auf Wehleidigkeiten gar: er muss zusehen, dass er das Gras von den Wiesen bekommt, die Rabatten unkrautfrei, die Ränder sauber gestochen und die Vasen gefüllt. An diesem Tag muss der pater familias abdanken vor dem Kommandeur der Organisation, der ganze Regimenter von Hilfskräften heranführen und wahrhaft »ins Feld« schicken muss, wie eine hektische Notiz verrät:

»Zu den letzten Säuberungsgeschäften sind außer den auf morgen schon bestellten 20 Mann noch weitere nötig: morgen Freitag den 20: zwanzig Weibsbilder mit Rechen und 10 Heutüchern, für Samstag den 21: vierzig Mann mit Rechen, 40 Weibsbilder, die Hälfte mit Rechen und Tüchern, die andere Hälfte mit Besen, für Sonntag den 22:« – das ist aber schon der Tag des Ereignisses! – »ebensoviel mit eben dem Arbeitsgeschirr, und kann es geschehen, daß die 40 Mann über Nacht hierbleiben müssen, dahero solche aus den nächstliegenden Orten zu bestellen wären. Die mitzubringenden Besen sollen nun aber recht gut sein …«

Christophine macht wohl keinen Versuch, den Bruder von seinem Plan abzubringen. Sie weiß, wie riskant seine Flucht ist, dass er nicht nur sich, sondern die ganze Familie ins Unglück stürzen kann. Aber sie weiß auch, wie gefährdet, wie labil der Bruder ist, wie seine Gier nach Ruhm, seine Sucht nach öffentlicher Wirkung gepaart sind mit Anfällen von Todessehnsucht; wie er es liebt, mit seinem Leben zu spielen und mit der Chance, ihm rasch ein Ende zu setzen. Zur Komplizenschaft zwischen Bruder und Schwester gehört auch der Brief (der erste überlieferte) an sie, den er zwei Jahre zuvor geschrieben hatte, als er, noch auf der Karlsschule, die Totenwache für einen verstorbenen Mitschüler, den Jugendfreund Christoph August von Hoven, gehalten hatte. Wie im Todesrausch hatte er damals das makabre Gedicht »Eine Leichenfantasie« geschrieben und sich in derselben Stimmung an seine Schwester gewandt:

»O meine Liebe mit Mühe, mit schwerer Mühe hab ich mich aus Betrachtungen des Todes und menschlichen Elends heraus gearbeitet, denn es ist etwas sehr Trauriges, theure Schwester, einen Jüngling voll Geist und Güte und Hoffnung dahinsterben sehen ... Und ich darf Dir sagen, mit Freuden wär ich für ihn gestorben. Denn er war mir so lieb, und das Leben war, und ist mir eine Last geworden.«

Und dann hatte er seine Schwester zur Vertrauten seiner suizidalen Anwandlungen gemacht: »O meine gute Schwester was Dein empfindungsvolles Herz – was die zärtliche Mutter – was ach was mein ehrwürdiger mein bester Vater, der so viel auf mich rechnet, mehr als ich Ihm jemals leisten werde, – gelitten haben würden, wenn ich der einzige Sohn und Bruder an dieser Stelle gewesen wäre, und doch, doch hätte es ja seyn können; kann es vielleicht noch seyn, daß ihr die Freude nicht mehr erlebt mich aus der academie treten zu sehen, daß ich – Siehst Du ich mag Dirs nicht aussprechen, aber es kann ja seyn – Wer hier in die geheimen Bücher des Schiksals schauen könnte – Mir wärs erwünscht, zehntausendmal erwünscht. Ich freue mich nicht mehr auf die Welt, und ich gewinne alles, wenn ich sie vor der Zeit verlaßen darf. Ich bitte Dich, Schwester, wenn es geschehen sollte, so sey klug und tröste Dich, und tröste Deine Eltern.«

Mit einem radikalen Abschied vom Elternhaus, mit dem jähen Abbruch der familiären Bindungen hat Friedrich Schiller also längst gespielt, hat er auch die Schwester beinah hypnotisch vertraut gemacht. Der Brief vom 19. Juni 1780 ist gewissermaßen der Entwurf für jenen Abschiedsgruß, den er nun, am 22. September 1782, nicht hinterlässt, nicht hinterlassen kann. Der Schluss zeigt, wie komplizenhaft, aber auch wie vereinnahmend das Verhältnis des Bruders zur älteren Schwester gewesen ist und wie selbstverständlich er ihr die geteilte Loyalität zumutet: »Diesen Brief läßt Du die liebe(n) Eltern nicht lesen, Du weist warum – Ich hätte sie nicht gern traurig gemacht. – Noch einmal lebe wol und fahre fort zu lieben

Deinen Bruder,

der sich glücklich schäzt, sich den

Deinigen zu nennen.«

Solcher Anspruch hat eine bewegte und bewegende Vorgeschichte aus langer Vertrautheit und Verschworenheit, aus einer geschwisterlichen Symbiose, die sich schon in den frühesten Jahren, oft genug aus purer Not, ergeben hatte.

2. Familienbande
Eine Kindheit im Krieg

Besucht man heute das Geburtshaus Schillers in Marbach am Neckar, das sogenannte Schöllkopf'sche Haus, so hat man einen wohlproportionierten, gut restaurierten, aber eher kleinwinkligen Fachwerkbau vor sich, der mit einer Ecke aus der Front der Niklastorstraße herausragt. Doch begibt man sich dann hinein in die Etage zu ebener Erde, so überkommt einen, trotz des liebevollen musealen Ambientes, nicht Andacht, sondern Ernüchterung, kein Schauer der Ehrfurcht, sondern ein Schauder von Beklommenheit. Dieser kahle Raum von wenigen Quadratmetern ist mehr Zelle als Zimmer, eher Notunterkunft denn Wohnung. Und damals, so erfährt man, war er durch eine Wand, die einen Teil des Raums abtrennte und dem Hausflur zuschlug, noch bedrückender. Hier konnte man hausen, nicht zu Haus sein.

Hier, in dieser Marbacher Klause, die noch der Redensart von beengten Verhältnissen spottete, kam Friedrich Schiller am 10. November 1759 zur Welt. Seine Schwester Christophine, noch unter besseren Umständen am 4. September 1757 geboren, war also gut zwei Jahre älter. In diesen Mauern wurde das Fundament einer Geschwisterliebe gelegt, die beide für die Dauer der gemeinsamen Lebenszeit verbinden sollte, die sie zu engen Vertrauten machte in Kindertagen und im Jugendjahrzehnt; zu Kameraden und Rivalen, zu Kumpanen und Mitwissern. Gerade in der frühen Kindheit waren Mädchen und Junge noch ein Herz und eine Seele, und was der eine schon bald an Keckheit und Eigensinn sich herausnahm, machte die andere durch ihren kleinen Altersvorsprung wett. Das immerhin bewirkte die karge Unterkunft: Die Kleinen waren, wo sie gingen, standen, spielten, schliefen, vier Jahre lang einander ganz nah. Selbst durch ihre vollen Namen waren sie sich zum Verwechseln ähnlich: Sie hieß Elisabeth Christophine Friederike, er Johann Christoph Friedrich. So umständlich hielten es die beiden, die Familie und die Leute aber nicht: da waren sie die Fene und der Fritz, der meist Friz geschrieben wurde.

Die Mutter wusste mitunter zwischen Strenge und Güte nicht ein und aus: »ich konde freulich meinen Kinder keine beßere erziehung geben als ich selbst gehabt, als sie zum gehorsam, zur Tugend und Gottesfurcht an zu weissen und so ihre Herzen zu bilden halte ich vor die erste Pflicht, wenn aber eines vor dem andern nicht in allen Theilen es befolgt, so kan es den Eldern nicht ganz zur Last gelegt werden (…) ich bin mir bewußt, daß es keine Mutter in der Welt gibt, die ihre Kinder zärtlicher lieben kan als ich, und bestendig vor jhr wohl wacht und sorgt.«

Diese Elisabetha Dorothea ist eine rührende Mutter und trotz oder gerade wegen des elenden Quartiers, bei den Nachbarn, die sie noch in besseren Verhältnissen gesehen hatten, beliebt. Die nehmen ihr oft Gänge ab, auch den kleinen Sohn, solange der noch gewiegt werden will; und der wird es später mit der Erinnerung lohnen: »Meine Mutter war eine verständige gute Frau, und ihre Güte, die auch gegen Menschen, die ihr nichts angingen, unerschöpflich war, hat ihr überall Liebe erworben. Mit einer stillen Resignation ertrug sie ihr leidvolles Schicksal, und die Sorge um ihre Kinder kümmerte sie mehr, als alles Andere. Ich fühle, wenn ich an sie denke, daß die frühen Eindrücke doch unauslöschlich in uns leben.«

Gut dreizehn Jahre wuchs Christophine zusammen mit dem Bruder auf, von seiner Geburt 1759 bis zu seinem (vom Herzog erzwungenen) Eintritt in die Militärakademie Anfang 1773. Sie erlebte aber auch, wie er vom Kleinkind, auf das schon die wenig ältere Schwester aufpassen musste, zum Wortführer wurde, wie er ihr über den Mund zu fahren begann, sich neue Spiele ausdachte, und sie behielt in Erinnerung, wie überraschend gewitzt und leidenschaftlich er bei alldem war. Und so wurde sie, spät in ihrem Leben, noch zur Chronistin von »Schillers Jugendjahre(n)«. Davon handelt ein späteres Kapitel.

Tief beeindruckt und stark geprägt bis ins hohe Alter ist die Tochter von der Frömmigkeit der Mutter, von einer pflichtbewussten, opferbereiten, sich allen Plagen unterwerfenden Frömmigkeit. Was die Kinder an Bildung der Mutter verdankten, war biblisch fundiert, legendenhaft und sollte die Phantasie freisetzen. »Die Mutter liebte (...) immer die schönen geistlichen Lieder, Naturgeschichte, die Lebensbeschreibungen merkwürdiger Menschen, das Neue Testament, daraus sie uns oft Stellen vorlas und erklärte.« Der Glaube, den sie, der Tochter zumal, vermittelte, bezog aber seine Kraft auch aus dem Gerechtigkeitsdenken des Alten Testaments und vertraute auf die guten Werke, so wie es der Spruch Salomos (19,17) verheißt: »Wer sich der Armen erbarmet, der leiht dem Herrn, der wird ihm vergelten, was er Gutes getan.«

Christophine hat auch eine fast unheimliche Episode als Beispiel solcher Frömmigkeit überliefert, des in den Tag hinein wirkenden Wunderglaubens. »Einst (...) da wir als Kinder mit der lieben Mutter zu den Großeltern gingen, nahm sie den Weg über Ludwigsburg nach Marbach über den Berg [bei Hoheneck und über die Neckarweihinger Brücke]. Es war ein schöner Ostermontag, und die Mutter theilte uns unterwegs die Geschichte von den zwei Jüngern mit, denen sich auf ihrer Wanderung nach Emmaus Jesus zugesellt hatte. Ihre Rede ging unwillkürlich in Begeisterung über, und als wir auf den Berg kamen, waren wir so gerührt, daß wir niederknieten und beteten. Dieser Berg wurde uns zum Tabor.«

Die Mutter, immer wieder die Mutter. Aber gibt es denn keinen Vater? Es gibt ihn, aber dieser Vater ist ein bisschen wie der liebe Gott: Denn er ist nie da. Die beiden Kinder bekommen ihn in ihren frühen Jahren kaum zu Gesicht, und es wird mit Scheu und Sorge von ihm gesprochen. Im Himmel aber ist er nicht, sondern im Krieg. Denn es ist Krieg, und der Vater ist Soldat. Diesen Krieg hat der König von Preußen, Friedrich II., angezettelt, als er 1756 in Sachsen einfiel, um seiner Rivalin zuvorzukommen, der österreichischen Kaiserin Maria Theresia; einen Krieg, der zum dritten Mal um Schlesien geführt wird, viele Todesopfer fordert und sieben Jahre lang dauert und am Ende nicht nur die eroberte Provinz verwüstet hinterlässt, sondern auch das siegreiche Preußen erst einmal ruiniert hat.

Immer muss die Mutter um das Leben des Mannes bangen, so auch bald nach der Geburt der Tochter. Da gab es am 5. Dezember 1757 die berühmte Schlacht bei Leuthen, als die Württemberger auf Seiten Maria Theresias gegen die Preußen kämpften und eine schwere Niederlage erlitten; da hätte es diesen Mann beinah erwischt. Kaspar Schiller hat die Schrecksekunde festgehalten: »Ich hielt als Adjutant hinter der Fahne, während daß die Preußen aus Canonen u. kl. Gewehr ein entsezliches Feuer machten, wobei die eine Canon-Kugel neben mir im Fahnenzug 2 mann tod geschossen u. 3 andere tödlich blessirt wurden, wie leicht hätt es auch mich treffen können.« Aber selbst die Verschonten waren ihres Lebens nicht sicher, denn es brach eine Seuche aus, und wieder sah sich dieser Vater in vorderster Front: »Denn da auch selbst die Regiments-Feldscheere (theils gestorben, theils krank) darniedergelegen, (…) so hab ich mich derjenigen (Verletzten) in meinem Standquartier Leonschütz angenommen und aus dem daselbst vorhandenen gewesenen Feldkasten (…) nach bestem Wissen und Gewissen Arzneien ausgegeben, zur Ader gelassen, viscatorien [Zugpflaster] gesetzt und dergleichen, als wobei ich leicht hätte angesteckt werden können.« Mut, Engagement und Überlebensglück werden honoriert: Kaspar Schiller wird – ungewöhnlich für einen Nichtadligen – zum Leutnant befördert. Und kann, als sein Kontingent im April 1758 in die Heimat zurückkehrt, einen ersten Blick auf die Tochter Christophine werfen.

Dieser Johann Kaspar Schiller war ein Vater, aus dem Holz eines Soldaten geschnitzt: streng, ruppig, penibel, starrsinnig, oft prügelnd. Aber die tragische Unerlöstheit seines Charakters rührte daher, dass dieses Holz einem edleren Gewächs aufgepfropft war, das eigentlich zu etwas anderem taugen wollte: einem Arzt, einem

Schillers Eltern, Johann Kaspar Schiller und Elisabeth Dorothea,
geb. Kodweiß

Geistlichen, einem Gelehrten. Der Soldatenstand war die Notlö-
sung für einen jungen Mann, der sich zu Höherem berufen gefühlt
hatte. Der 1723 geborene Sohn eines Bäckers hatte früh Latein zu
lernen begonnen, bis der Vater starb und die Mutter mit dem Zehnjährigen und sieben Geschwistern allein ließ; die entriss dem Sohn
die Grammatik und schickte ihn aufs Feld, ehe er mit fünfzehn bei
einem Klosterbarbier erst zusah und dann lernte, wie man Furunkel
aufschnitt, Brüche einrichtete, Zähne zog und Verbände anlegte.
Weitere Stationen absolvierte er bei Wundärzten und Chirurgen,
ehe er 1745 bayrischen Husaren auf dem Kriegspfad in die Niederlande so beharrlich nachläuft, bis sie ihn dabehalten als eine Art
Feldscher, der nun auch »Galanterie-Kuren« praktizieren muss.
Weiß er, dass er im österreichischen Erbfolgekrieg gelandet ist, der
um die pragmatische Sanktion, um die Anerkennung Maria Theresias als Regentin, geführt wird? Bald weiß er nicht mehr, wo ihm
der Kopf steht, denn bei der Belagerung von Brüssel gerät er in die
Gefangenschaft der Franzosen, die ihn in ihre Uniform stecken und

in den Kampf schicken, wo er den Seinen wieder in die Hände fällt und fast als Spion erschossen wird. Aber der clevere Kaspar redet sich heraus, darf eine Lazarett-Apotheke einrichten und bekommt endlich eine regelrechte Feldscher-Stelle, in der er zum ersten Mal richtig Geld verdient und eine Schuld von 200 Gulden in einem Jahr tilgen kann.

Und da kam nun dieser mit allen Wassern und viel Blut gewaschene 26-Jährige im April 1749 in Marbach an (weil eine Schwester in der Nähe wohnte), nahm ein Zimmer im Gasthaus Zum Löwen, beschloss, dort auch gleich eine eigene Praxis als Wundarzt einzurichten, und musste nicht einmal für die Brautschau vor die Tür: Er hielt um die Hand der Tochter des Löwenwirts an, die 16-jährige Elisabetha Dorothea Kodweiß. Aber kurz vorher ließ er sich, als vermisse er den Krieg, auf ein mutwilliges Abenteuer ein: »etliche Tage vor meiner Trauung fuhr ich in Marbach aus Lust in einem Fischer-Kahn auf dem Nekar. Der starke Strohm ergriff den Kahn und riß ihn in die Mitte. Ich wollte das Ruder vorhalten, und zum Glück zerbrach dies, sonst hätte nothwendig der Kahn umgeschlagen u. ich ertrinken müssen.«

Was wie ein gemachtes Nest aussah, erwies sich als hohles Gespinst. Die gute Partie Dorothea war ein armes Mädchen. Der Löwenwirt und Holzinspektor Georg Friedrich Kodweiß hatte sich verspekuliert, war auf einmal kein reicher Bürger mehr, sondern ein hochverschuldeter Mann. Das stattliche Wirtshaus musste verpfändet werden, und auch die vom Bräutigam in die Ehe eingebrachten Gulden gerieten in den Strudel des Ruins. Kein Wunder, dass da der Kindersegen erst einmal ausblieb und Kaspar Schiller 1753 wieder unter die Soldaten ging. Und Ende 1756, nach einer letzten Umarmung, in den Krieg Richtung Schlesien.

So wie er bei der Geburt der Tochter Christophine nicht im Lande war, so war er auch nicht in der Nähe, als der Sohn in dem tristen Gemäuer – einer Notunterkunft wegen des Kodweiß'schen Bankrotts – geboren wurde; sondern mit einem Infanterieregiment bei Fulda, wo er in einen Hinterhalt geriet und wieder einmal in

Lebensgefahr. (Zwölf solcher Situationen hat er überstanden und später beschrieben.) Den kleinen Friedrich sah er wohl erst etliche Monate später, im Frühjahr 1760, als er schon wieder im nahen Vaihingen stationiert war. Dafür gibt es das Zeugnis einer Hausmagd, die bei der Unternehmung Dorotheas dabei war: »Um ihm eine Freude zu machen, sey sie mit Frau Hauptmännin Schillerin und zwei Kindern, wovon eines ein Mädchen und das andere ein Söhnchen, das noch nicht habe laufen können, nach Vaihingen gegangen.« »Hauptmännin« allerdings ist Frau Schiller erst ein Jahr später, als ihr Mann am 17. August 1761 den Hauptmannsrang erhält und nunmehr ganz in der Nähe Marbachs, meist in Ludwigsburg, Quartier bezogen hat.

1763 ist der von Friedrich II. gegen halb Europa geführte Krieg zu Ende, die Odyssee Kaspar Schillers aber immer noch nicht. Er bekommt, zur Not, den Posten eines Werbeoffiziers in Schwäbisch-Gmünd angeboten, eines jener Rekrutierungskommandos, die zu den berüchtigtsten Praktiken des 18. Jahrhunderts und zum Schrecken der Bevölkerung gehörten. Die Aufgabe: junge Männer, oft halbe Kinder noch, für die Truppe zu gewinnen, auf Bauernhöfen heimzusuchen, vor allem aber in Wirtshäusern breitzuschlagen. Aber offenbar hat Kaspar Schiller seinen Auftrag nur halbherzig ausgeführt, denn Christophine berichtet von der »Liebe der guten Bewohner Lorchs und ihrer Umgebungen, die ihre Söhne nicht durch listige Vorstellungen zu verliehren fürchten mussten, wie es bey mehrern Werbposten geschah«. Es war Kaspar Schillers heikelste Station, und die ärgerlichste dazu: denn der Herzog blieb ihm den zugesagten Sold über Jahre schuldig. Doch ein Gutes hatte die Aufgabe immerhin: Der Vater konnte die Familie endlich um sich versammeln. Zwar nicht in Schwäbisch-Gmünd selbst, aber im benachbarten Lorch, wo das Leben billiger war.

Kaum ist der Vater im Haus, die Familie komplett, geht der kleine Bruder schon seinen eigenen Weg. Der Vater schickt ihn zum Pfarrer Johann Jakob Moser in Lorch, bei dem er, sechsjährig, Latein zu lernen beginnt und ein wenig Griechisch, von dem er überdies seinen Jugendtraum empfängt, den leidenschaftlichen Wunsch, Geistlicher zu werden. Und er will es nicht erst werden, denn zu Hause angekommen, ist er es schon, und die Schwester sieht mit Verwunderung, wie er sich ihre schwarze Schürze ausleiht und als Talar umbindet, wie er auf einen Stuhl steigt und ihm fromme Floskeln nur so von den Lippen strömen, aber sofort sich in Verwünschungen verwandeln, wenn die Aufmerksamkeit seiner Zuhörer nachlässt oder in Gelächter übergeht. (Solches Gelächter ist zeitlebens für Schiller das Echo seiner Leidenschaft geblieben.)

Manches Abenteuer bleibt der älteren Schwester verwehrt: So muss sie sich hinterher von ihrem Bruder erzählen lassen, wie es bei den Hohenstaufen-Gräbern ausgesehen hat, die der kleine Fritz mit dem Vater besucht und besichtigt hat, und immer wieder hören, wie sehr ihn die Begegnung mit der Vergangenheit, den alten Kaisern, mit einer versunkenen Zeit, beschäftigt; und dass er gewiss, wenn er erst groß sei, darüber ein Theaterstück schreiben werde (noch Jahrzehnte später hängt er dem Plan eines Konradin-Dramas nach).

Nicht ganz gewiss ist, ob die Schwester den Bruder bei seinen frühen Theaterbesuchen begleiten durfte; da ist die Familie schon, zum ersten Mal komfortabel, in Ludwigsburg etabliert, und der Vater darf, dank einem militärischen Privileg, kostenlos die Aufführungen des Hoftheaters besuchen und Familienmitglieder mitnehmen. Und just hier lässt uns die späte Chronistin die Wahl zwischen zwei Versionen. In ihrer ersten Erinnerung heißt es: »Daher kam es, dass statt einer Belohnung für Schülerfleiss der junge Schiller zuweilen mitgenommen wurde.« In einer späteren Skizze ist sie selbst mit dabei: »… und da geschah es, dass wir Kinder zuweilen auch mitgenommen wurden. Es war wohl natürlich daß diese prächtige(n) Vorstellungen in unsern Jahren uns sehr entzückten, ob wir schon nicht verstanden da alles Italienisch gesprochen wurde. Aber die Dekorationen, die prächtige Kleidung war uns schon genug.«

Wie auch immer: die Theatereindrücke sind Anlass zum Nachspielen. Der zehn-, elf-, zwölfjährige Fritz verfügt zwar nicht, wie im wohlhabenden Hause Goethe, über ein Puppentheater, aber er setzt Pappfiguren in Szene, die ihm die penible Schwester ausschneidet und anmalt. Bald schon besetzen Bruder und Schwester und ihre Freunde die häusliche Bühne mit Figuren und kleinen Stücken, die sich der Junge ausdenkt. (In der Offiziersfamilie Schiller herrschte jedenfalls nicht der geradezu idiosynkratische Komödienhorror wie im protestantischen Pfarrhaus des Vaters von Lessing zu Kamenz dreißig Jahre zuvor.)

Mit der Übersiedlung nach Ludwigsburg (wohin auch der Herzog nach Querelen mit den Stuttgarter Ständen seine Residenz verlegt hatte) kam endlich so etwas wie Kontinuität und Überschaubarkeit in den Schiller'schen Haushalt. Die Familie war auch größer geworden: Anfang 1766, noch in Lorch, war eine zweite Tochter geboren worden, Louise Dorothea Katharina. Ein weiteres Mädchen, Maria Charlotte, kommt 1768 zur Welt, stirbt aber schon nach wenigen Jahren, und die 1773 geborene Beata Friederike wird nur wenige Monate alt. Noch einmal wird es Nachwuchs geben: das ist ein gutes Jahrzehnt später, 1777, die Nachzüglerin Karoline Christiane, genannt Nane oder Nanette, die zum Liebling der Familie wird, aber mit 19 Jahren einen elenden Tod findet.

Auch um die Wohnungen ist es in Ludwigsburg besser bestellt. Die Schillers kommen zunächst im Haus von Jeremias Friedrich Reichenbach unter, einem Bruder des herzoglichen Leibarztes. Die Reichenbachs haben eine Tochter Ludovike, die, zwei Jahre jünger, eine Spielgefährtin der inzwischen zehnjährigen Christophine und eine Freundin fürs Leben wird. Auch als die Familie bald darauf in das sogenannte Cotta'sche Haus umzieht, ist die kleine Ludovike dort gern und oft zu Gast. Sie, die künstlerisch begabt ist und bald gefördert wird, macht sich später einen Namen als Porträtmalerin und bleibt ein Vorbild für Christophine, die gleichfalls zeichnerische Ambitionen hat.

In diesem zweiten Haus, das dem Hofbuchdrucker Cotta gehört (dessen Sohn Jahrzehnte später Schillers und Goethes Verleger werden wird), einem noch heute zu bewundernden großzügigen, breiten, klassizistischen Bau, beginnt, dank gärtnerischen Talents, des Vaters zweite Karriere, die ihn zehn Jahre später auf die Solitude führt. Auch darüber hat Christophine berichtet:

»Als wir in Ludwigsburg wohnten hatten wir bey unserem Logis einen großen Garten, in diesem zog sich unser lieber Vater eine Baumschule auf (...) und brachte immer nach der Schloßparade einige Offiziere mit, um sie ihnen zu zeigen. Diß wurde endlich auch dem Herzog erzählt, daher er meinen Vater zu sich berief und ihn fragte, ob er sich gerne mit solchen Gegenständen beschäftige, als der Vater diß bejahte, erklärte der Herzog, daß er längst im Sinne hätte, auf der Solitüde eine große Baumschule zu errichten, worinn in Zukunft alle Bäume für die Herzogl. Gärten und für alle Land-straßen (fruchtbare Bäume) sollten gezogen werden, wenn er also sich diesem Geschäft unterziehen wolle so könte er sich auf der Solitüde einen Platz auswählen, der dazu schiklich wäre. (...) Auch könte er seine Familie kommen laßen, er hätte schon Logis für sie bestellt.«

Damit spielt die Solitude zum zweiten Mal ins Leben der Schil-lers hinein. Schon vier Jahre vorher, 1773, hatte sie die Gemein-samkeit Christophines und Friedrichs jäh beendet. Herzog Carl Eugen, der sich als Aufklärer verstand und bei aller Willkür seines Regimes von den Erziehungsidealen der Zeit begeistert war, hatte die Einrichtung einer »Pflanzschule« – nicht für Bäume, sondern für Eliten – beschlossen, einer Hohen Karls-Schule, in der er vor allem junge Adlige, aber auch die Söhne verdienter Offiziere und Beamten für den Staatsdienst ausbilden wollte. Und da der Landes-vater nicht nur rasche Entschlüsse liebte, sondern auch prompte Ausführung, wurde als provisorische erste Unterbringung die Soli-tude bestimmt, wo das »Forstrevieramtsgebäude« nebst zwei be-nachbarten Bauten für die jungen Leute freigeräumt wurden. Und zu einem dieser »Karlsschüler« hatte der Herzog auch den drei-zehnjährigen Friedrich Schiller ausersehen. Eine Gnade, die Vater und Sohn wie ein Schock traf.

Auch darüber hat Christophine berichtet, und zwar so, dass man

Friedrich Schiller, um 1780

den Keim der späteren Konflikte wahrnehmen kann: Denn auf das Anerbieten des Herzogs »erwiderte nun Schillers Vater, dass er es für eine Gnade aufnehmen würde, wenn sein Sohn, seiner Neigung gemäß, dem geistlichen Stand sich einst zu widmen, folgen dürfte. Diese Freymüthigkeit schien dem Herzog nicht zu gefallen, der gewohnt war, alle seine Äußerungen als Befehle befolgt zu sehen – doch erklärte er, daß er für diese Wissenschaft keine Einrichtung getroffen hätte, aber jede andere könte sein Sohn wählen. Unter diesen Entschlisungen vergingen einige Tage, weil sie viele Überwindung vor den jungen Schiller kosteten. (...) Endlich, aus Furcht, die Ungnade des Herzogs sich zuzuziehen, da der Vater unmittelbar unter dem Herzog stand, entschloss sich der junge

Schiller, auch aus Gehorsam gegen die Eltern, zum juristischen Studium, zu dem er aber nicht die geringste Lust hatte; dieses Opfer kostete ihn sehr viel, und man kann annehmen, daß von dieser Zeit an seine Kränklichkeit anfing.«

Außer von Kränklichkeit wäre auch von den existentiellen Kränkungen zu sprechen, als die Friedrich Schiller seine sieben Jahre auf der »Sklavenplantage« (Schubart) empfand; von der allmählichen Verfertigung des Widerstands gegen Gängelung und Schikanen; vom immer stärker werdenden Ekel vor den frivolen Launen des Herzogs und seinem Umgang mit den Untertanen; von der sich auftürmenden Wut über die rigiden Regeln und die gespenstische Trennung von der Außenwelt, auch von den Elternhäusern, die sich schließlich in den »Räubern« als Schrei nach Gesetzlosigkeit, als anarchischer Freiheitsruf Bahn brechen sollte.

Als die Familie im Dezember 1775 auf die Solitude umsiedelt, trifft sie den Sohn dort nicht mehr an: Der Herzog hatte die jungen Akademisten kurz zuvor abgezogen und in einer Stuttgarter Kaserne untergebracht. Den Eltern, den Geschwistern war nicht einmal ein kurzer Gruß vergönnt. Doch Kaspar Schiller war mit der neuen Aufgabe als Hofgärtner ganz oben angelangt. Der Krieg war weit, und der alte Soldat hatte endlich seinen Frieden.

Nun aber, im Herbst 1782, schien alles in Gefahr.

3. Fluchtpunkte
Geheimtreffen mit dem Bruder

Kann man sich eine Vorstellung machen von der Konsternation der Familie Schiller in den Tagen nach dem Fest, in den darauffolgenden Wochen? Vom Schock und der Empörung, die den Vater überfallen haben müssen, als er von der Flucht erfuhr und, schlimmer noch, von der strikten Weigerung seines Fritz, zurückzukehren und sich dem Herzog demütig zu Füßen zu werfen? Von der Trauer der Mutter um den verlorenen Sohn? Von der Existenzangst aller Angehörigen, dem Bangen um ihre Zukunft? Wir wissen nichts Genaues über das Familiendrama, das Schiller auf der Solitude angerichtet hat; nach Jahr und Tag bekannte die Schwester Christophine einmal, sie habe in der Zeit nach seinem Verschwinden »viel Unangenehmes erfahren, manchen traurigen Tag und kummervolle Nacht«.

Bestand nicht auch immer noch die Gefahr, dass ein Greifkommando der Württemberger ausrückte, um den Flüchtigen zu fassen? Schiller selbst fürchtete eine solche Aktion, floh von Mannheim weiter, als die Frau des Regisseurs Wilhelm Christian Dietrich Meyer, aus Stuttgart kommend, berichtete, man werde seine Auslieferung verlangen. Er wanderte, immer mit dem getreuen Streicher, aus Geldnot in einem strapaziösen Fußmarsch nach Frankfurt, hatte wieder Selbstmordgedanken (und die Sachsenhäuser Brücke über den Main wäre da zupass gekommen), wandte sich zurück nach Süden und mietete sich für mehrere Wochen im Gasthaus Viehhof in Oggersheim ein.

In jenen Wochen wurde Schiller mit einem wahren Bombardement von Briefen und Befehlen, zurückzukehren, eingedeckt. Die leidige Post scheint ihn durch Vermittlung und Nachforschungen des Mannheimer Intendanten Heribert von Dalberg und des Regisseurs Meyer erreicht zu haben. Das Tagebuch des für ihn zuständigen Generalfeldzeugmeisters Augé gibt Auskunft über die offiziellen Bemühungen, dem »Ausgewichenen« ins Gewissen zu reden, wie auch über die zunehmende Verärgerung des ihm eigentlich wohlgesinnten Offiziers. Augé musste sich, dem wütenden Herzog gegenüber, mitverantwortlich für die Flucht fühlen und notierte sich penibel alle seine Briefe an den Deserteur. Gleich vier Tage nach dem Vorfall schrieb er, Schiller möge sich »hierher begeben« und von der Herzoglichen Gnade »dadurch profitiren«; am 1. Oktober sprach er die Ermahnung aus, man solle des Herzogs »Gnade nicht länger Misbrauchen«. Am 6. Oktober schickte er die Kopie einer Herzoglichen Ordre nach Mannheim, dass die Forderungen des jungen Dichters gnädigst genehmigt würden, »wann er diese höchste Gnade nicht länger Misbrauchen werde«. Eine Zusicherung, der Schiller nicht vertraute und die er in einem entschiedenen Brief zurückwies. Dieser und ein weiteres Schreiben erbitterten den alten Soldaten so sehr, dass er Schillers Vater davon Mitteilung machte und dazu schrieb, »daß dieser lezte brif dem faß den Boden vollends hinaus gestossen habe, und das S. H. D. [Seine Herzogliche Durchlaucht] Mir gestern eine ordre darauf hätten zugehen lassen, daß ich Meinem geweßten Reg.Medico künftig nicht mehr Schreiben solle«. Von offizieller Seite war jetzt der Bruch vollzogen.

Als Friedrich Schiller den Brief des Generals vom 6. Oktober erhalten und beantwortet hat, gibt er, zum ersten Mal seit dem Fluchttag, auch der Familie Nachricht. Er wendet sich an die »theuerste Schwester« Christophine, sieht über die dürftige ländliche Unterkunft hinweg und versucht, Zuversicht, ja Überschwang zu verbreiten. »Mir ist sehr wohl, biß auf die Ungeduld mich ganz meiner Larve und meiner Comoedienrolle entledigt zu sehen.« (Schiller war unter falschem Namen, als ein Dr. Ritter, auf der Flucht.) »Du solltest mich kaum noch kennen Schwesterchen. Meine umstände sind gut. Frei bin ich und gesund wie der Fisch im Waßer, und welchem freien Menschen ist nicht wohl. Auch geht mir nichts ab; meine Schulden bezahl ich sobald sie verfallen sind, und sobald meine Affaire mit *dem Herzog* entschieden ist. Laß also die guten Eltern ruhig seyn (...) Auch meine Liebe hoffe ich daß wir beide uns bald wiedersehen sollen (...) Küße die liebe Louise, die gute Nanette; wenn Du den lieben Eltern den Brief zeigen darfst, so sag Ihnen, daß ich mit ganzer Seele und mit ganzem Herzen ihr gehorsamer ihr freier, ihr froher Sohn sey. Über mein Schicksal sollen sie keine Anfechtung haben, denn mir gehe es wol. Wenn ich nicht zurückkomme, so müßen mein hinterlaßene(n) Sachen verkauft werden (...) Vergiß mich nicht meine Liebe. Nächstens schreibe ich Dir mehr...«

Was sie ihm zurückschreibt, wissen wir nicht, denn ihr Antwortbrief ist nicht erhalten. Aber sie hatte wohl die Hoffnung geäußert, dass er seinem Plan gemäß in Mannheim als Theaterdichter bleiben könne. Zwar schien er dort dem unmittelbaren Zugriff des Herzogs entzogen, nicht aber dessen Einfluss; und so weigerte sich der dortige Intendant, Freiherr von Dalberg, Schillers Förderer, ja Entdecker, in der prekären Situation den Fahnenflüchtigen zu beschäftigen.

Das aber verschweigt Schiller in seinem nächsten Brief, vom 6. November, an die »inniggeliebte Schwester«; wichtigste Mitteilung ist, »daß meine völlige Trennung vom Vaterland und Familie nun mehr entschieden ist«. Er fabuliert von einer Reise nach Berlin, womöglich noch weiter, bis nach Petersburg; von Gelehrten, ja sogar Fürsten, die er vorher noch in Sachsen aufsuchen will, und macht den Plan rhetorisch glaubhaft: »Erschrick nicht daß soviel Meilen zwischen euch und mich werden zu liegen kommen. Ihr solt jedes meiner Verhängniße mit mir theilen; ich suche mein Glück eben so sehr für euch als für mich.«

Er schließt den Brief als »Dein treuer zärtlicher Bruder«, grüßt liebevoll die übrige Familie und beteuert: »Ein inneres starkes Gefühl spricht laut in meinem Herzen: ich sehe euch wieder – Vertraut Gott. Es wird kein Haar von uns allen auf die Erde fallen.«

Am 19. November, knapp zwei Monate nach der Flucht, ist Schiller nicht in Berlin, nicht in Sachsen, schon gar nicht in Petersburg. Er sitzt immer noch in Mannheim und Umgebung, aber er fühlt sich noch nicht sicher vor den Nachstellungen des Herzogs. Jetzt hat er die Aussicht, den Winter über auf einem Landgut in Thüringen, das seiner Gönnerin Henriette von Wolzogen gehört, kostenfrei zu verbringen und in Ruhe an seinen Stücken, dem neu zu fassenden »Fiesco« und »Kabale und Liebe« zu arbeiten. Vor dem Aufbruch nach diesem entlegenen Bauerbach möchte er die Familie noch einmal sehen. Und er macht es dringend: Er bestellt die Mutter und Christophine nach Bretten, ungefähr auf halbem Weg zwischen Stuttgart und Mannheim, ins Posthaus; und ob sie die Luise Vischerin (seine Stuttgarter Wirtin und vielbesungene Laura) und Frau von Wolzogen mitbringen könnten? Sein Brief, rechnet er sich aus, werde am 21. November auf der Solitude sein; nach Erhalt müssten sie am nächsten Morgen gleich aufbrechen, so dass man sich am Abend treffen könne. »An der schnellen Befolgung meiner Bitte will ich erkennen, ob Ihnen noch theuer ist Ihr ewig dankbarer Sohn Schiller.«

Von Friedrich Schiller ist über diese Zusammenkunft kein Wort erhalten; wiederum ist es die Schwester, die das dürre Datum belebt und unserer Vorstellungskraft aufhilft. Die aber auch deutlich macht, unter welcher Beklemmung die Familie noch Wochen nach der Flucht stand. Denn es reisen nur sie selbst und die Mutter zur eiligen Zusammenkunft. »Der Vater selbst wagte es nicht weil (…) es immer Spione genug gab die dem Herzog alles raportierten und mein Vater ohne hin auf seinem Posten den er mit der gewissenhaftesten Redlichkeit verwaltete sich eben deßwegen von den schlechten Umgebungen seiner Untergeordneten immer wie verrathen betrachten mußte.«

Wie genau Christophines Bericht über das Brettener Wiedersehen mit dem »ausgewichenen« Feldscher Friedrich Schiller ist, sei dahingestellt. Sie erinnert sich 46 Jahre später auf Bitten von Andreas Streicher, Schillers Fluchthelfer. Der ist längst hochangesehener Klavierfabrikant in Wien, langjähriger Freund Beethovens, und plant ein Buch über die dann schon weit zurückliegenden Ereignisse. Nur über Bretten weiß er nichts, weil sich Schiller vorher schon von ihm getrennt hatte; aber er hält die Zusammenkunft für so wichtig, dass er 1828 die Schwester bittet, für ihn in ihrer Erinnerung zu kramen. Und sie antwortet ihm in zwei Briefen vom 16. Februar und vom 8. April, lebhaft und als wäre es eben erst passiert:

»Als wir abreißten war die Witterung noch sehr schön so daß ich mich ganz leicht anzog die Mutter aber nahm ihren Peltz zum Ersaze mit – als wir Abends in Bretten ankamen und in dem bestimmten Gasthof abstiegen, und uns erkundigten ob ein fremder Herr angekommen wäre war niemand noch da, erst um Mitternacht, da die Mutter und ich, ohne Schlaf und mit vielen Sorgen daß ihm etwas begegnet seyn könnte, immer auf seine Ankunft harrten, hörten wir, daß ein Reiter dem Gasthof zusprengte: Er wirds seyn dachten wir und sobald er ins Hauß trat und den Kellner fragte, ob nicht zwey Damen angekommen wären erkannten wir sogleich seine Stimme und stürzten ihm entgegen.«

An dieser Stelle hat sie am Rand noch »Freuden Thränen« hinzugefügt und dann wieder ihre knappe Erzählung fortgesetzt:

»Diese Scene lässt sich nur fühlen nicht beschreiben – so blieben wir beysammen bis der Morgen kam kein Schlaf kam in unsere Augen! und erzählten uns gegenseitig. Er war äuserst heiter! voll Hoffnung für die Zukunft, alle Besorgniße von unserer Seite wurden gehoben [= zerstreut] und genosen 3 volle Tage das Glück uns auszusprechen, bis die Urlaubzeit ihn zur Rückreise mahnte. Indeßen stieg die Kälte so heftig an daß wir Sorge für ihn trugen, da Er auch leicht bekleidet war, aber zu unserer Beruhigung versicherte er uns daß er dieß alles gewohnt wäre, und wir erhielten auch bald hernach Briefe von ihm die die glückliche Ankunft berichteten.«

Stil, Orthographie und Spontaneität von Christophines Briefen und Berichten erfordern einige Gewöhnung: wie sie da, im genauen Wortsinn, ohne Punkt und Komma vor sich hin erzählt, ihren Gefühlen Ausdruck gibt, ihr Temperament über die Sorgfalt und manchmal sogar über die Verständlichkeit siegen lässt, wie die schwäbische Mundart ihr immerzu dreinredet und eine Herzensergießung in eine »Ergisung« verwandelt. Sie schreibt ja in einer Epoche, in der eine deutsche »Rechtschreibung« sich erst ausbildet und soziale und regionale Prägungen jedem Schriftstück anzusehen sind; in einer Epoche auch, da die Mädchen in einer bürgerlichen Familie eben nicht die Bildung, die Sprachexerzitien, die Briefschulung genossen wie ihre Brüder. Und diese privilegierten Brüder haben denn auch ihren Schwestern berühmte Merksätze aufgegeben, wie sie auch Schiller seiner Christophine gesagt haben mag. »Schreibe wie Du redest, so schreibst Du schön.« So der vierzehnjährige Gotthold Ephraim Lessing an seine Schwester Dorothea Salome; und so, ebenfalls im Knabenalter, Johann Wolfgang Goethe an Cornelia: »Merke diß: schreibe nur, wie du reden würdest, und so wirst du einen guten Brief schreiben.« Und genau so schreibt Christophine, im Alter etwas erfahrener, vom Satzbau des Bruders belehrt, durch umfangreiche Korrespondenz geschult; aber immer in ihrer eigenen Sprache und mit der Ökonomie der Satzzeichen. Man wird sie, je länger, je mehr, gut verstehen lernen.

So beruhigt die beiden Frauen auf die Solitude heimkehren mögen, so unternehmungslustig sich der Dichter in seine Wintereinsamkeit auf dem Gut Bauerbach der Frau von Wolzogen zu schicken scheint: noch nach einem Jahr hat sich an der ungewissen Lebenssituation Schillers nicht viel geändert, nur dass er inzwischen wieder in Mannheim sitzt und dort endlich seinen – auf ein Jahr befristeten – Vertrag als Theaterdichter erhalten hat. Am 9. September 1783 schreibt Christophine an ihren Bruder (es ist der erste überlieferte Brief von ihrer Hand):

»O! lieber vieles, sehr vieles habe ich mit *Dir* zu plaudern, ich habe in diesem vergangenen Jahre, den(n) diesen Monat verließest Du uns viel unangenehmes erfahren, manchen traurigen Tag und kummervolle Nacht – aber gotlob jezt ists vorbey, der Gedanke daß

Du jezt, und wenigstens dem Anscheine nach glücklich bist macht alles vergessen.«

Die Schwester ist froh über seine Anstellung am Mannheimer Theater, aber zugleich besorgt: »Aber lieber! ist es nicht zu vil Anstrengung des Verstandes, 3. Stüke des Jahrs zu arbeiten, ich dächt zu einem Stük wie Fiesko oder die Räuber würde allein 1. Jahr zeit erfordert. Doch Du muß(t) es ja besser einsehen was Du vermagst als ich.«

Sie schreibt ihren Brief übrigens in der vagen Hoffnung auf ein erneutes Wiedersehen, ist aber schon skeptisch wegen der Kosten einer solchen Reise. Ob es aber wirklich nur »die ausgaben wegen unserer ländl(ichen) Oekonomie, als Häne, Enntten und dgl.« sind, die der Fahrt ins hundert Kilometer entfernte Mannheim entgegenstehe oder nicht doch auch Rücksichten auf das Odium eines Zusammentreffens mit dem hartnäckigen Deserteur? Oder vielleicht nur die Unabkömmlichkeit aus ihrem arbeitsreichen Alltag? Denn »ich muß oft den ganzen Tag der Magd ihr Geschäft versehen, daß diese drausen seyn kan und muß andere geschäfte, die weit nüzlicher vor mich wären, hintan sezen.« Die Reise kommt denn auch nicht zustande.

Aber noch immer hat die Familie den Wunsch nicht aufgegeben, Schiller zur Rückkehr in die Heimat zu bewegen. Vor allem der Vater will da nicht lockerlassen. Er schlägt seinem Sohn vor, noch einmal einen Brief an den Herzog zu schreiben, ihm dafür zu danken, dass er ihn nach seinem »Wegbleiben nicht weiter verfolgt habe«, ihm zu berichten, dass er seither literarisch erfolgreich tätig gewesen, aber derzeit von einer schweren Krankheit befallen sei; und ihn zu bitten, dass er die Familie besuchen oder sein Vater zu ihm nach Mannheim reisen dürfe. Kaspar Schiller ahnt, dass sein Sohn einen solchen Bittbrief nicht schreiben wird, und bietet an, er selbst wolle sich in diesem Sinn an den Herzog wenden. Den gleichen Vorschlag macht, auf Druck des Vaters, gegen Ende des Jahres 1783 auch noch einmal Christophine; der Vater traut ihren Zeilen offenbar mehr Wirkung zu als den eigenen.

Aber dann schließt sich das Kapitel vorerst mit einem Neujahrs-
brief Schillers (1. Januar 1784), mit der grandiosen Unabhängig-
keitserklärung eines Dichters und mit dem brüderlichsten Dank an
die Komplizin seines verwegenen Ausbruchs; mit einem Dank, der
zugleich die gemeinsame Kindheit beschwört:

»Meine theuerste Schwester,

Ich bekomme gestern Deinen Brief, und da ich über meine
Nachläßigkeit Dir zu antworten ernsthaft nachdenke, so mache ich
mir die bitterste(n) Vorwürfe von der Welt. – Glaube mir meine
Beste, es ist keine Verschlimmerung meines Herzens (...) es ist eben
so wenig Mangel an Aufmerksamkeit und Wärme für Dich, denn
Dein künftiges Loos hat schon oft meine einsame(n) Stunden beschäftigt, *und wie oft warst Du nicht die Heldin in meinen idealischen
Träumen!* – Es ist die entsezliche Zerstreuung in der ich von Stunde
zu Stunde herumgeworfen werde, es ist zugleich auch eine gewiße
Beschämung, daß ich meine Entwürfe über das Glück der meinigen, und über Deins insbesondere, biß jezt so wenig habe zur Ausführung bringen können. Wie viel bleiben doch unsere Thaten unsern Hoffnungen schuldig! und wie oft spottet ein unerklärbares
Verhängniß unsers besten Willens –«

Dann kommt er auf ihre Bitte zu sprechen, doch wieder in den
Schoß der Familie zurückzukehren, und auf den Vorschlag des Vaters, beim Herzog um eine »freie Wiederkehr« nach Württemberg
einzukommen. Und da nimmt er sie sehr ernsthaft ins Gebet:
»Schwester überdenke die Umstände aufmerksam, denn das Glük
Deines Bruders kann durch eine Übereilung in dieser Sache einen
ewigen Stoß leiden. Ein großer Theil von Teutschland weiß von
meinem Verhältnis gegen euren Herzog, und von der Art meiner
Entfernung (...) Die offene edle Kühnheit, die ich bei meiner
gewaltsamen Entfernung gezeigt habe, würde den Anschein einer kindischen Übereilung, einer dummen Brutalität bekommen,
wenn ich sie nicht behaupte. Liebe zu den Meinigen, Sehnsucht
nach dem Vaterland entschuldiget vielleicht im Herzen eines oder
des anderen redlichen Mannes, aber die Welt nimmt auf das keine

Rücksicht.« Aber selbst wenn der Herzog sich auf Bitten des Vaters erweichen lassen würde, werde er sich nicht eher im Württembergischen blicken lassen, bis er einen Charakter, also eine Lebensstellung, erreicht habe. Und mit einem Gruß ins neue Jahr an die ganze Familie unterzeichnet er »Ewig Dein treuer Bruder Fridrich S.«.

Mit diesem Brief erteilt Schiller nicht nur allen Vermittlungswünschen des Vaters eine endgültige Absage, er spricht auch die Schwester frei von der langen zermürbenden Rolle der Vermittlerin. Jetzt ist es für sie an der Zeit, sich um die eigene Zukunft zu kümmern.

II.

Der Weg in die Enge
oder
Das Jahrzehnt der Prüfungen

4. Reinwalds Werbung
(Solitude 2)

Um 1784 – da ist Christophine 27 Jahre alt – zeichnet sich für sie eine neue Lebensetappe ab: Es wird für die vielbeschäftigte junge Frau Zeit, sich nach einem Ehemann umzusehen. Das ist so leicht gesagt wie schwer getan, denn in den zwei Jahren seit dem großen Fest macht die Solitude wirklich ihrem Namen Ehre, ist zum Hort der Einsamkeit geworden. Der Hof hat sich ganz nach Ludwigsburg und Stuttgart zurückgezogen, und nur noch die Hofgärtnerei des Kaspar Schiller ist hier in Betrieb. Ein ganz gewöhnlicher, ja fast lächerlicher Anlass setzt das, was man die Herzensdinge kaum nennen kann, in Gang, und für die Drastik hat, von der Warte des hohen Alters aus, Christophine in ihren Lebenserinnerungen gesorgt.

»Ich habe schon erwähnt, daß unser glükliches Leben auf der Solitude unterbrochen wurde, und zwar auf folgende Weise – die weitläufigen Gewächshäuser, und übrigen grosartigen Anlagen kosteten grose Summen, darunter war die Ausgabe für den Dünger eine der grösten. Da wurde denn dem Herzog vorgeschlagen daß er nur ein Cavallerie Regiment nach Solitüde legen solte da brauche man keinen Dünger zu kaufen-. Dieser Vorschlag wurde angenommen und der Herzog schikte das Husaren Regiment auf unsere schöne Solidüte (sic).- Bey diesem waren 16 Offiziere angestellt, darunter nur 3 verheyrathet waren, die Übrigen (meist junge Herren) fühlten sich auf diesem einsamen Platz sehr unglücklich, da sie vorher in Stuttgard allen Vergnügungen sich hingeben konten, und klagten uns bey ihren Besuchen (die wir ihnen so gerne erlaßen hätten) wie unglücklich sie sich befänden, und störten also dadurch unser stilles glückliches Leben, und unsere ganze

Einrichtung, schon durch ihre Besuche – die höchst uninteressant waren.«

Und just in dieser Situation kommt nun ein Mann ins Spiel und sehr zögernd auch ins Kalkül Christophines, den sie bis dahin nur aus einigen Briefen kennt und von dem der Bruder ihr schwärmerisch berichtet hatte. Es ist jener hilfreiche Gelehrte, den er, ein halbes Jahr nach seiner Flucht, bei seinem mehrmonatigen heimlichen Aufenthalt in Bauerbach, kennengelernt hatte: ein Bibliothekar aus Meiningen, der dem Flüchtling als gebildeter Gesprächspartner gedient und, wichtiger noch, ihn mit historischen Werken versorgt hatte, die er für die Arbeit an der »Luise Millerin« und die Vorstudien zum »Don Carlos« so dringend brauchte. Diese Bekanntschaft war für Schiller in der winterlichen Einsiedelei des Frühjahrs 1783 ein Glücksfall, und entsprechend überschwenglich waren denn auch die Worte, mit denen er seine Dankbarkeit ausdrückt. Der Helfer ließ sich von diesen Freundschafts-, ja Liebesbekundungen nur allzu gern überzeugen und sogar zu einem Gedicht auf Schiller hinreißen.

Wilhelm Friedrich Hermann Reinwald war 1737 in Wasungen bei Meiningen geboren, ging also schon auf die Fünfzig zu, und stand, wenn auch in unverdient subalterner Position, als Sekretär und Gehilfe, im Dienst der herzoglichen Bibliothek. Reinwald, ein verbitterter, hypochondrischer Charakter, lebte auf in der Gesellschaft Schillers. Und neugierig, ja ungeniert war er auch. Denn als der junge Dichter eines Tages, nach einem Besuch, seine Reisetasche in Reinwalds Zimmer zurückließ, scheute er sich nicht, dessen Papiere durchzugehen und einen Brief Christophines zu lesen (einen von mehreren, die nicht erhalten sind). Weit davon entfernt, den Tabubruch zu vertuschen, setzte er sich hin und schrieb ihr am 27. März 1783 folgende passionierte Zeilen:

»Ein besonderer Zufall macht mich so frei, an die Schwester meines Freundes diese Zeilen zu schreiben. Unter etlichen Papieren, die HE D. Sxx nach einem Besuch bei mir liegen laßen, fand ich einen Brief von Ihnen. (…) Ich fand in diesem Brief, den ich gelesen, und nochmal gelesen und abgeschrieben habe, soviel reifes Denken und soviel herzliche, besorgte Wolmeinung gegen Ihren Herrn Bruder, daß ich mich gefreut habe, und scheue mich nicht, jeden Gedanken, der mir zu seiner Ausbildung oder Glückseligkeit einfällt, mit Ihnen zu theilen. Vielleicht kann ich Ihnen oder Ihren lieben Eltern auch manche Unruhe benemen, die ihnen über die Situazion Ihres Herrn Bruders aufsteigt, und ich werde gerade seyn und nie schmeicheln, weil mich auch die glänzendste Frucht der Schmeichelei nicht verführen würde, und« – seltsames, aber charakteristisches Ende eines doch schon werbenden Briefes – »weil ich überhaupt nicht sonderlich viel von der Zukunft hoffe.«

Daraus entwickelte sich eine sporadische Korrespondenz, bis Reinwald ein gutes Jahr später, im Sommer 1784, eine Reise nach Württemberg dazu benutzte (oder überhaupt nur unternahm), um auch die Solitude zu besuchen.

Es wird nicht gerade ein *coup de foudre*. Wiederum Christophine: »Seine Persönlichkeit hatte zwar nichts was bei ersten Erscheinen einen angenehmen Eindruck macht, aber seine Unterhaltung war geistreich und wahr – und wir lernten uns an seine Persönlichkeit gewöhnen. und er wurde als Freund meines Bruders behandelt; es schien ihm auch bey uns, und auf der schönen Solitüde zu gefallen denn er blieb einige Wochen bey uns.«

Ein schöner, auch nur ansehnlicher oder wenigstens aparter Herr war dieser Reinwald nicht, aber er gehörte zu den seltenen Charakteren dieser Art, die sich ihrer unglücklichen Wirkung auf andere deutlich bewusst sind. Immer wieder, auch in späteren Jahren, finden sich in seinen Briefen vorauseilende Warnungen vor Begegnungen, man möge ihn doch bitte nicht nach seiner grimmigen Miene beurteilen. Und ein Unikum unter solchen raren Erscheinungen war er gewiss darin, dass er seinem Aussehen sogar Verse gewidmet hat, von denen hier einige zitiert seien:

Wilhelm Friedrich Hermann Reinwald (1737–1815)

An mein Gesicht

Du finstres Gram-Gesicht
Das mich in aller Welt berüchtigt
Und Menschenhaßes mich bezüchtigt
Dich schuf mein Eigensinn ja nicht.

Du hast um Ehr und Glück
Du falsche Larve mich betrogen
Manch Herz mir unverdient entzogen
Hältst Manches noch von mir zurück.

Ich will getrost als Mann
Mich unter mein Verhängniß schmiegen
Und mit der kleinen Zahl begnügen
Die Dir zum Trotz mich lieben kann.

Der mürrische Bibliothekar aber zeigte sich in der heiteren Landschaft und in der Gesellschaft Christophines von seiner besten Seite. Er fühlte sich wohl, ließ sich Zeit und schrieb Briefe nach Meiningen, die einen unbefangenen, idyllischen Blick auf die Familie Schiller werfen:

»Die Schillerische Familie besteht aus lauter Personen von eigenen Talenten. Vater, Mutter, 2 erwachsene Töchter und eine Tochter von 7 Jaren, alle zeichnen sich durch Verstand, edles Denken und guten Geschmack aus. Die älteste Tochter zeichnet vortrefflich, fürt die Wirtschaft und besorgt die Korrespondenzen. De 2te ongefär von 18. Jaren lernt in Stuttgart Putzmachen und allerhand Frauenzimmer Arbeit; auch die schreibt schöne Briefe und hat ungemein viel naiven Witz. Die kleine ist vollends gar ein Engelsmädchen, deren Bildung etwas Großes weißsagt, und die schon Verse macht. Wenn ich mit dieser intereßanten Familie oder nur mit einigen darunter, Abends in den ungeheuren Bogengängen in deren Spitze das Abendroth stralt, im Orangenhain, unter den koloßalischen Statuen, unter den 100jährigen Eichen spazieren gehe – wie schwer wird mirs da, an den Abzug zu denken, so ser ich auch meine Freunde und Freundinnen in Meiningen liebe.«

Der trockene Reinwald war merkwürdigerweise der Einzige, der Sinn hatte für die großartige Landschaft, fürs panoramatische Entzücken, das die Solitude Besuchern und Bewohnern bot: »Hier logier' ich unbeschreiblich angenehm, sehe über einen Garten hin, der grenzenlos scheint. Er ist aus einem großen Wald geschaffen und die Anlagen haben Millionen gekostet ... Aus meinem Zimmer sieht man bis ins Elsaß über den Rhein hin [in Wahrheit höchstens bis zum Ostrand des Schwarzwaldes], dann rechter Hand tief in Franken hinein. Alle meine Schilderungen reichen nicht hin, diese Aussicht zu beschreiben, denn die Gegend liegt sehr hoch und unter ihr lauter Ebene ... Mein Zimmer ist mit Orangen und den herrlichsten Blumen des Gartens parfümiert.«

Der Bibliothekar, der sich in seinen späteren Jahren als ein stubenhockerischer Misanthrop erweist, ist in jenen Tagen, beschwingt durch den Umgang mit Christophine, sogar zu einem Abenteuer bereit, zu einer Expedition auf den Hohen Asperg, auf die berüchtigte Festung, wo seit Jahren Christian Friedrich Daniel Schubart, der Dichter, Publizist, Musiker und Volksheld, vom Herzog gefangen gehalten wird. Offenbar hatte Schiller ihm von seinem eigenen Besuch dort, im Spätherbst 1781, erzählt und das Interesse an Schubarts Schicksal geweckt. Dass die Unternehmung aber als Tagesausflug in Begleitung von Schillers Mutter vonstatten gehen kann, hängt wohl damit zusammen, dass Kaspar Schiller Kontakt zum Festungskommandanten hatte und die Haftzeit des Gefangenen ihrem Ende entgegenging. Schillers Jugendfreund Friedrich Wilhelm Hoven ist ortskundiger Begleiter. Das Entree schreckt eher ab:

»Das Gitter am Vestungsthore wurd uns vor der Nase zugemacht, wir scharf examiniert, musten lang im Innern des Walls, wie Arrestanten stehen, bis wir erlöset wurden. Wir addreßirten uns dann an einen Lieutenant Scharffenstein, auch Schillers Freund (denn alle jungen Schwaben von seinem Alter und darüber, wenn sie helle Köpfe sind gehören zu seiner Sekte) aber es hielt dennoch schwer bis wir den Gefangenen sahen. Es wurden uns allerhand Schwierigkeiten und Aufenthälte gemacht.«

Aber dann, durch ein Wort von Dorothea Schiller, die hier oben als Frau Hauptmann Schiller tituliert wird, bekommt man den rebellischen Dichter doch zu sehen, und Reinwald ist von ihm begeistert. »Sein Gespräch ist lauter Feuer, lauter Metapher und Gleichnis.« Und offenbar hat Schubart auch eins jener tragbaren kleinen Klaviere mitgebracht, wie es auch Andreas Streicher bei der Flucht mit Schiller bei sich hatte. »Sein Klavierspiel geht über alles was ich je hörte und hören werde (…) und wenn er nur das kleinste Liedchen singt, fült man sich neugeschaffen. Ein solcher Mann alle drei Wochen besucht, sollte einem so ziemlich den Hypochonder vertreiben.« (Es ist verblüffend zu lesen, wie wenig wohl sich dieser Mann in seiner eigenen Haut gefühlt und wie sehr er sich nach Linderung, Befreiung von seinen Beschränkungen gesehnt hat.) In seiner Bewunderung für Schiller (die durch dessen distanziertere Briefe in letzter Zeit ins Wanken gekommen ist) wird er nun von Schubart bestärkt: »Für Schiller ist er enthusiastisch eingenommen und er wurde einst, weil er ihn zu ser gelobt, von seinem General in ein härteres Gefängnis gesetzt. Er machte der Madam Schiller beim Abschied das Kompliment: ›Gebenedeyt bis Du unter den Weibern und Gebenedeyt ist die Frucht Deines Leibes!‹« Das Schicksal Schubarts gibt Reinwald sogar rebellische Gedanken ein: »Ist es nicht ewig Schade, daß man einen so thätigen Mann, der seines Ungestümes, und seines Triebes zu Ausschweifungen ungeachtet, soviel Gutes in der Welt würken könnte, da versauren läßt, nur um sein Müthchen zu külen, und um zu zeigen longas regibus esse manus [dass die Hände der Herrscher weit reichen]. Der Rath im Reichsstädtchen A(a)len, Schubarts Vaterstadt that einst bei der Durchreise des Herzogs durch den Ort eine demüthige Fürbitte für ihr Stadtkind, an ihrer Spitze stand Schubarts 76jährige Mutter und fiel dem Herzog zu Füßen – Vergebens!«

Aber was Reinwald in jenen sommerlichen Tagen vor allem bewegt haben musste, war nicht das Schicksal des gefangenen Poeten und Tastenkünstlers, sondern seine Bemühung um Christophine. Und es scheint, als habe Vater Schiller das, was er als Werbung verstehen musste, nicht eben behindert. Wie weit zumindest das familiäre Einverständnis bei diesem ersten Zusammensein gediehen war, zeigte sich daran, dass Reinwald, als er endlich Abschied nahm, um nun auch seinen Freund Schiller in Mannheim zu besuchen, von Christophine begleitet werden durfte, die ihrem Bruder zum ersten Male seit dem Brettener Treffen wiederbegegnen wollte.

Am 16. Juli 1784 reisten die beiden ab und besuchten den Dichter in Mannheim und in Schwetzingen. Aber das wunderbare Wiedersehen wurde zu einem katastrophalen Nichtwiedererkennen. Nach den ersten Umarmungen und Geschwisterküssen setzte das große Befremden ein, eine Heimsuchung gemischter Gefühle. Der Freund war nicht mehr der Freund, die Schwester kaum noch die Schwester und der Bruder weit davon entfernt, ein verständnisvoller Gesprächspartner zu sein. Schiller machte allem freudigen Überschwang ein Ende. Er zeigte sich aufs äußerste bestürzt über die Vertraulichkeit, die sich Reinwald gegenüber Christophine angewöhnt zu haben schien.

Für den Bibliothekar war es nichts weniger als ein Schock. Er musste aus allen Freierswolken fallen, als ihm der junge Mann, der ihm doch nicht nur seine Freundschaft angetragen, sondern auch seine Liebe beteuert hatte, auf einmal höchst reserviert begegnete und der Verbindung rundheraus widersprach. Als Schiller seine Bedenken auch dem Vater in einem Brief mitteilte und auf Reinwalds prekäre finanzielle Situation zu sprechen kam, musste er sich aber von Kaspar Schiller die Abfuhr gefallen lassen, Reinwald werde mit seiner Besoldung wohl »besser auslangen, als Er, mein Sohn«.

Von der tiefen Verstimmung nach dem Treffen zeugt zunächst ein Brief Reinwalds an Schiller, den er gleich nach der Rückkehr nach Meiningen schrieb: »Ich kann nicht dafür, daß ich sie liebe. Ich habe keinen Grund finden können gleichgültig gegen sie zu seyn: man sucht sich zu gefallen, man wird sich unvermerkt unentbehrlich, und das ist sie mir, um so mer, da ich an keinem andern weiblichen Geschöpfe mer Geschmack finden kann.«

In den folgenden Wochen wurde Schiller gegenüber Reinwald immer ausfallender, so dass der sich schließlich in einem tief verletzten Brief zur Wehr setzte: »Auch wenn ich Sie noch so hart beleidigt hätte, (da doch mein Aufwallen nichts als unwiderstehlicher Ausbruch meiner Empfindung Ihres sonderbaren Betragens ist) auch dann verdient' ich den Anfang Ihres Briefes nicht. Sie sind zu stolz, um meine Achtung für ein Gut zu halten – ich muss also das verworfenste Geschöpf seyn. Gleichwohl hat dieses verworfenste Geschöpf immer die besten Menschen zu seinem Freundschaftskreis gesucht – und gefunden (…) Ohngeachtet ich an Mannheim stets mit Unwillen und Schauder denken werde, so thun Sie mir doch weh – mein Schmerz vergeht wider; aber Sie bleiben noch eine geraume Zeit unglücklich, weil Sie die Menschen entweder nicht genug kennen, oder nicht nutzen …«

Merkwürdigerweise verriet Christophines Brief an den Bruder, den sie gleich nach ihrer Rückkehr auf die Solitude schrieb, von solchen Verstimmungen nichts, ja, sie erwähnte Reinwald mit keinem Wort. Vielmehr machte sie sich wieder Gedanken um Schillers Auskommen, seine Zukunft, seine Gesundheit. »Was machst denn Du, mein Lieber! hast Du noch keine Aussichten? Ich darf gar nicht an diese Sache denken …« Denn Schillers Theatervertrag mit den Mannheimern lief damals gerade aus, und eine Verlängerung war ihm nicht angeboten worden.

Aber dann lässt sich aus diesem Brief doch herauslesen, dass ihr Bild vom bewunderten Genie einen Kratzer bekommen hat und dass sie selbst nicht weit von Reinwalds bitterem Befund war, Schiller werde wegen seines Umgangs mit Menschen unglücklich sein. »Schreib mir doch so bald als möglich, aber die Wahrheit. Du mußt mir das nicht übel nehmen, ich weiß, daß Du mich gern schonst in dergleichen Fällen, aber ich merke es gewiß Deinem Brief an, wenn Du nicht wahr redest, und wozu hilft das? Ich kann Dir freilich dadurch, daß ich es weiß, nichts helfen, aber es ist doch eine Art von Beruhigung, jemand seinen Zustand zu entdecken, und wie leicht hat oft eine andere Person einen Einfall, den wir nicht gleich haben.«

Doch erst der letzte Satz des Briefes schlüsselt ihren seelischen Zustand, ihre emotionale Bewegtheit nach den Tagen des Wiedersehens auf. Zunächst noch erzählte sie von der Heimreise, wie sie sich in der Kutsche mit einer Französin gestenreich und lachend verständigt und nun Lust bekommen habe, die Sprache noch zu lernen; und dann: »Ich kann mich fast nimmer an die Solitüde gewöhnen, so sehr verlangt mich nach Dir und Mannheim.« Wo bleibt Reinwald? Wen eigentlich liebt sie? Aber es geht wohl um Praktischeres: Wäre der Bruder in Mannheim geblieben, hätte sie ihm den Haushalt führen und der Solitude entkommen können.

Jedenfalls scheint Christophine die Widerrede des Bruders gegen die Verbindung mit Reinwald nicht so sehr zugesetzt zu haben wie das unverminderte Drängen des Vaters, der seine Tochter gern versorgt gesehen hätte und den peniblen Bibliothekar als passenden Kandidaten betrachtete. In dieser für sie verwirrenden Situation, in der Konfusion auch ihrer Gefühle, unternahm sie etwas Ungewöhnliches; sie schrieb an einen Freund Reinwalds, den Meininger Hofprediger Johann Georg Pfranger; im Namen der Eltern erkundigte sie sich nach Reinwalds finanziellen Verhältnissen; für sich selbst aber nahm sie den Geistlichen als Eheberater in Anspruch. Es lief auf die Frage hinaus, ob sich mit dem Mann auch leben lasse?

Während der Pastor die erste Anfrage relativ präzise beantwortete (»Reich wenigstens kan Er gewiß nicht seyn. Uebrigens ist Er ein genauer Wirthschafter ohne Schulden«), versagte er ihr die zweite Auskunft: »Herr Reinwald ist übrigens mein Freund: und der Gedanke, Ihn um die vielleicht einzige Freude seines Lebens bringen zu können, hat mir eine geschwinde Antwort nicht wenig erschwert.«

Warum sie ihm nicht selbst schreibe und ihn um eine ehrliche Antwort bitte?

Die Sache bleibt ein weiteres halbes Jahr in der Schwebe. Die 85-jährige Christophine sollte sich so erinnern: »Ich erklärte mich also auf die folgende Weise, daß ich zwar sein Vertrauen auf meinen Charakter schäze, aber mich nicht entschließen köne meine Eltern zu verlaßen da meine Schwestern noch zu jung seyn die Wirtschaft zu führen und die lb. Mutter oft kränklich wäre.« Aber Reinwald gibt nicht auf, reist im Sommer 1785 abermals auf die Solitude und gelangt ans Ziel: Er kann Verlobung feiern. Es ist ein Fest ohne Überschwang und mit schlechtem Gewissen. Schiller hat man nicht informiert.

Der schreibt am 28. September – da ist er längst bei neuen sächsischen Freunden in Dresden und genießt in ihrer Gesellschaft und dank ihrer finanziellen Zuwendungen ein geradezu übermütig befreites Leben – den bittersten Brief, den Christophine je erhält, Zeilen, die wohl auch von Eifersucht diktiert sind, von der Gekränktheit, dass ihm die »theuerste Schwester« untreu geworden, die Vertraute abhandengekommen ist und damit auch sein wichtigster und emotional zuverlässigster Kontakt zur Familie verloren zu gehen droht. Und so liest sich, was doch eigentlich Gratulation sein müsste:

»Da Du mir Deinen gefaßten Entschluß wegen Reinwald nur bloß historisch hast melden laßen, nachdem eure Verlobung vorbei ist, so solte ich freilich vermuthen, daß Dir an meiner Bestätigung nicht sonderlich viel gelegen seyn werde ... Wie dem auch sei – die ganze Sache ist nun entschieden, und ich habe Dich biß jezt noch so wenig auf Übereilungen überrascht, daß ich in die überlegte Klugheit Deines Entschlußes nicht das mindeste Mißtrauen seze. Die *Beharrlichkeit* meines Freundes, die sich bei *diesem Fall* vorzüglich auszeichnet, und die Verbesserung seiner Glücksumstände verändern ohnehin die ganze Gestalt der Sache, und also natürlicherweise auch meine Meinung.«

Dann kommen Sätze, die von Schillers psychologischer Genialität zeugen, weil sie sehr präzise in die Zukunft dieser sich anbahnenden Ehe schauen:

»Du kennst ihn, und bist also auf alles vorbereitet, was unvermeidlich sein wird, und wirst Dich in das zu finden wißen, was Dich nicht mehr überraschen kann. Er wird das *Opfer* schäzen, was Du ihm gebracht hast, und Dich mit jedem Fall zu verschonen trachten, wo es Dich reuen könnte. Alles hoffe ich von Deinem Verstand und seiner Rechtschaffenheit, und mit der nämlichen Wahrheit und Offenherzigkeit, womit ich alle Einwendungen gegen Deinen künftigen Mann zu verantworten mich erbiete, gebe ich jetzt meinen brüderlichen Seegen zu Eurer Vereinigung. Mache ihn so glücklich, meine Liebe, als Du verdienst, es durch ihn zu werden.«

Sein eigenes Verhältnis zu Reinwald definiert Schiller mit subtiler Distanz: »Ich kann ihn nicht mehr lieben nachdem er mein Schwager ist, als vorher, da er nur mein Freund war. Izt thu ich aus Pflicht, was ich damals aus Wahl gethan.«

Und dann vollzieht er noch einmal den Abschied von geschwisterlichen Zukunftsträumen, von der Kameradin der Jugend; aber auch vom starren, schicksalsängstlichen Vater und bekennt den Stolz des genialen Menschen, der mit sich selbst ins Reine kommt in dem Maße, wie er eine größere Familie, sein Publikum, gewinnt. Diese Zeilen sind Adieu und Zukunftsmusik in einem: »Einst meine gute Schwester, wiegte sich mein Herz mit glänzenden Hoffnungen für Deine und Deiner Schwestern Glückseligkeit. – Meine Entwürfe sind demütiger worden, aber ich gebe noch keinen einzigen auf. So lang mich unter den manichfaltigen Bizarrerien des Schiksals das Gefühl meiner selbst nicht verlassen wird hoffe ich alles. Ich kann meinen Vater noch immer nicht überführen, daß ich durch den Verlust meines Vaterlandes alles gewonnen habe (…) Das, was er noch biß jezt meine Uebereilung nennt, hat seinen Namen weitergetragen als er hoffen konnte.- Laut genannt zu werden, haben manche mit Aufopferung ihres Lebens und ihres Gewißens gesucht, mich hat es nichts als drei Jünglingsjahre gekostet, die mir vielleicht in den nächstfolgenden wuchern werden. Ich sehe rükwärts in mein Leben, und bin fröhlich, liebe Schwester, und voll Muth für die Zukunft. Alle meine Schiksale verschwinden gegen das, was ich gewann – schon allein die Eroberung einiger (und warum soll ich nicht sagen, vieler?) edler herrlicher Menschen war den bedenklichen Glükswurf um mein Schiksal werth. Mein Vater ist 60 Jahre alt, und hat eine kleinere Liste solcher Freunde als ich, und diese alle verdanke ich ja bloß jenen getadelten Schimären.« Der Brief schließt mit dem Gruß: »Ich bin mit unwandelbarer Liebe/ Dein/ zärtlicher Bruder/ Frid. Schiller.«

Aber wenn Schiller geglaubt hatte, die heimliche Verlobung werde eine schnelle Hochzeit nach sich ziehen, dann sah er sich getäuscht. Ihm blieb sogar Zeit, sich mit Reinwald wieder halbwegs zu versöhnen, auch wenn er ihn im Frühjahr 1786 drei Monate auf eine Antwort hatte warten lassen. Auf einmal war er es, der Zeichen von Ungeduld offenbarte: »Sie haben mir – oder *Du* hast mir (…) in Deinem letzten Briefe kein Wort von einer Reise nach Stuttgart geschrieben (…) auch kein Wort von der Hochzeit, daß ich mich mit einem Carmine gratulatorio hymenaeo thalassio darauf einrichten könnte. Im Ernst liebster Freund ich weiß gar nicht, was vorgegangen sein muß, den von Hauße habe ich nun schon über 2 Monate keine Antwort erhalten, meine Schwester hat mir keine Zeile Antwort geschrieben, und Du bist in Deinem Briefe auch von meiner Familie stumm. Was ist denn das?«

Ja, was war das? War das Schweigen Christophines wirklich nur Abhaltung durch die vielen Alltagsaufgaben auf der Solitude? Oder Anzeichen für andauernde, wachsende Zweifel? Hatte sie sich wirklich schon zur Verbindung mit Reinwald entschlossen? Der bangte ohnehin immerzu um sein zukünftiges Glück und wurde durch Schillers eher aufreizende Zeilen erst recht beunruhigt. Wenige Tage später schrieb er, als hätte er nicht nur die Geduld, sondern auch die Nerven verloren, an seine Braut: »Ich muß dir gestehen, daß ich ganz mein Leben haßte, ich war stark in versuchung was ich könnte zu deßen Endigung beitragen (…) Überhaupt war es Zeit, daß ich Deinen Besitz erlangte, one ihn könnte ich das Leben nicht mehr ertragen.« Ökonomischer könnte Liebesverlangen wohl nicht formuliert werden.

Am 12. Juni 1786, gut zwei Jahre nach dem ersten Besuch Reinwalds auf der Solitude, wurde die Hochzeit – nein, nicht gefeiert, eher abgewickelt. Kaspar Schiller schrieb an seinen Sohn: Es »wurde die Trauung ohne Gepräng in Gerlingen vollzogen, wobei Herr Rittmeister v. Naso und dessen Frau Gemahlin als Zeugen sich eingefunden. Reinwald hat seiner Braut eine schöne goldene Uhr und der Mama eine in Gold gefaßte Dose mitgebracht. Christophine hat an Aussteuer und Geld etwas über 300 fl. von mir und verschiedene artige Geschenke von andern Leuten bekommen, womit Reinwald ganz zufrieden gewesen, und besonders ihm gefallen hat, daß wir allhier und auswärts so vorzüglich geachtet sind. (…) Nun ist uns Eltern die zweite Stütze niedergesunken und unsre Freuden werden immer weniger.«

Noch einmal sei an die Husaren erinnert, die seit 1784 auf der Solitude stationiert waren, damit ihre Pferde den Dünger lieferten, den die Plantagen des alten Schiller brauchten. Ganz so uninteressant, wie ihre Gespräche und Besuche nach dem Urteil der alten Christophine gewesen sein sollen, waren sie nicht in jedem Fall. Zumindest einer von ihnen, ein Obrist Müller aus Stuttgart, hat sich wohl brennend für die junge Frau interessiert, und es scheint, als habe er ihr, noch vor Reinwald oder konkurrierend mit ihm, Avancen gemacht oder sogar einen Heiratsantrag. Ob er ihr seine Liebe gestanden hat oder nicht: zumindest gesessen hat er ihr, nämlich zu einem Aquarellporträt, das mit 1784 datiert ist. Es hat sich bei ihrer Nichte, Schillers Tochter Emilie, in Rudolstadt erhalten, mit deren Notiz auf der Rückseite: »Dieser wollte Tante Reinwald heiraten.«

5. Szenen einer Ehe
(Meiningen 1)

Anfang Juli 1786 kam das frisch vermählte Paar – die nun 29 Jahre alte Christophine und ihr fünfzigjähriger Mann – in Meiningen an. Es war eine jener bescheidenen Residenzstädte, wie sie den Mittelpunkt der kleineren unter den deutschen Duodezstaaten bilden, in diesem Fall der Wohnsitz der Herzöge von Sachsen-Meiningen. Auch hier hat, wie in Weimar Anna Amalia, lange Zeit eine Herzogin, nach dem frühen Tode ihres Mannes Anton Ulrich, regiert: Charlotte Amalie. Nun, als die Reinwalds kamen, war deren Sohn Georg erwachsen genug, um die Herrschaft zu übernehmen. Der Märchenerzähler Ludwig Bechstein, ein Meininger, hat auch dies erzählt: »Der Herzog selbst voll Geist und überall anregend, hätte gern nach dem Beispiel Weimars einen Kreis von ruhmvoll genannten Literaten und Künstlern an seinem Hofe versammelt, allein es lag nicht in den Verhältnissen, diesen Wunsch in würdigster Ausdehnung erfüllt zu sehen.« Vielleicht aber fehlte es ihm schlicht an Ausstrahlung, denn Schillers Urteil, als er bald darauf dem jungen Mann seine Aufwartung gemacht hatte, war brüsk: »... der Mensch ist auf der Welt gar nichts.«

Immerhin aber galt Meiningen schon damals als »eine der musischsten Städte Deutschlands«. Herzog Georg ließ, zum Beispiel, die Stadtbefestigungen abtragen, die Gartenanlage des Schlosses neu gestalten und jenen englischen Garten anlegen, der auch heute noch zu den schönen Ruhepolen der Stadt gehört. Nach Georgs frühem Tod 1803 wird wieder eine Herzoginwitwe, Luise Eleonore, die Regierungsgeschäfte für den minderjährigen Sohn Bernhard übernehmen, bis dieser dann in den zwanziger Jahren die kulturellen Ambitionen, etwa mit dem Bau eines Hoftheaters, weiterverfolgte. Dieses Schauspielhaus sollte dann, gegen Ende des 19. Jahrhunderts und unter der direkten Leitung von Herzog Georg II., zur Sensationsbühne Deutschlands, ja Europas und zum Beispiel eines revolutionären Regiestils werden: Historisch genaue Kostüme, Ensemblepflege, penible Probenarbeit und vor allem: Vertreibung des deklamatorischen Pathos. Von solchem Ruhm aber war hundert Jahre früher, bei der Ankunft der Reinwalds, noch nichts zu spüren.

Den Mittelpunkt des Ortes bildete denn auch nicht das Schloss Elisabethenburg, sondern ein großer, weiter, ausladender Markt, der mit seinen Buden und Ständen und seiner Betriebsamkeit gelegentlich für Lärm und Leben sorgte. Und dort, in einem Eckhaus, bezogen die Eheleute Quartier. Reinwald hatte seine alte Junggesellenwohnung aufgegeben und in der Zwischenzeit das neue Domizil renovieren lassen, von dem er wohl selbst ahnte, dass es seiner Frau Unbehagen verursachen würde. So hatte er sie in einem seiner letzten Briefe vor der Hochzeit eher gewarnt als neugierig gemacht: »Es hat zwar etwas kleinere Zimmer, aber es ist alles ordentl. eingerichtet und verwart, die Küche neu angelegt, zwar klein, aber der Hauswirth versichert, daß sie nicht rauchen wird. Ich hätte ein beßeres u. näher beim Schloße haben können: aber ich habe dir hiemit die erste Probe geben wollen, meine Bequemlichkeit deinem Geschmack aufzuopfern, weil dieses bestellte Logis besonders viel Lufft und Licht hat, denn es ist auf dem Markt im 3ten Stock.«

Der wahre Grund für die Wahl dieser Räume war der niedrige Mietpreis. Die Beengtheit ihres neuen Lebens bekam Christophine also schon beim ersten Betreten der ehelichen Wohnung vorgeführt. Einmal, zehn Jahre später, schrieb sie resigniert an die Schwägerin Lotte: »Du erinnerst Dich wohl noch etwas unsers äuserst engen Logis daß mir oft recht lästig, aber nicht zu ändern ist.« Das Entsetzliche: Dreißig Jahre, bis zu Reinwalds Tod, werden die Eheleute hier wohnen bleiben.

Aber beklemmender als die Wohnung ist die Enge, wie sie aus dem ersten Brief Reinwalds spricht, den er als Ehemann an Friedrich Schiller, den Schwager, schreibt: »... wie ich sonst lebe [nicht etwa: wie wir sonst leben] mag meine Frau Dir Auskunft geben: solche allgemeine Dinge laß ich sie besser wißen als ich. Gut ist es nur daß sie nicht alle Tage Burgunder verlangt, noch auch wie eine gewiße Mylady die Sterne vom Himmel von einer ausnemenden Schönheit. Wär ich reich, sie würde vielleicht geizig: aber die groben Species [gemeint ist: Kleingeld] eilen schneller davon, als daß man eine dauernde Freundschaft mit ihnen stiften könnte ... Sie wird Dir melden ...« Aber dann meldet er doch lieber selbst, dass eine der vornehmen Damen bei Hof ihr vorgeschlagen habe, Zeichenunterricht für junge Mädchen zu geben. Abzuhalten in der kleinen Wohnung. Auch dabei geht es, für ihn, um ein paar zusätzliche Einnahmen.

Im nächsten Brief berichtet er schon Erfreuliches: »Meine Frau hat jeden Tag 2 Leerstunden (sic!), früh u. Abends eine. Von diesen partizipiren 5 Scholaren unter denen auch ein junger Graf, der Enkel eures ehemaligen Würtenbergischen Premierministers ist (...) Abends nach Tisch wird eine gute Reisebeschreibung oder ein Schauspiel von Schakespear gelesen. Zweimal in der Woche besucht uns eine Schweizer-Französin, eine liebenswürdige Person, der meine Frau ganz zugethan ist u. da wird Französisch studirt (...) Manchmal geht meine Frau zu einer unserer Damen, die uns wolwollen auf eine Stunde, u. manchmal erwidern sie auch diesen Besuch.«

Hinter der bemühten Renommisterei Reinwalds wird immer mehr das Schweigen Christophines spürbar. Dem ersten Brief aus Meiningen hatte sie, entgegen der Ankündigung ihres Mannes, keinen Alltagsbericht angefügt, sondern nur ein paar belanglose Zeilen. Das lag aber nicht nur an der Bevormundung durch den Bibliothekar, sondern auch an einer tiefen Verstimmung, die sich bei der Schwester seit Verlobung und Hochzeit gegenüber dem Bruder aufgebaut hatte, einer Verstimmung allerdings, die wohl auch von Reinwald geschürt worden war. Gegen Ende des Jahres, am 25. November 1786, entlud sich das lange unterdrückte Murren in einem Brief, der wie eine große Geste der Gefühlsklärung wirkt. Offenbar war ihr in der Fremdheit der neuen Lebenssituation mit einem Male auch die Fremdheit deutlich geworden, in die der Bruder in den letzten Jahren entrückt war, die Distanz, in die er sich hineinbegeben hatte, die Unnahbarkeit, welche der wachsende Ruhm, aber auch die Existenzkämpfe um ihn geschaffen haben. Sie sagt ihm, wieder einmal, die Wahrheit, ihre Wahrheit, und die ist bitter; obwohl es zunächst nur um Briefschulden geht:

»... überdieß kann ich mich nicht erinnern, daß ich Dir eine Antwort schuldig war; ich schrieb Dir vielmehr vor einigen Monaten meine ganze Lage, und ich erhielt keine Zeile; ich mußte glauben, daß sie Dich nicht interessirte (denn daß Du den Brief bekommen hast, weiß ich fast zuverlässig), ich wurde also mit meinem Vertrauen zurückgescheucht, das ich Dir so gerne schenkte. – Es sei nun aber, wie es wolle, ich hatte Dich im Grund nicht weniger lieb; nur ein gewisser Stolz, den Du so gut kennst, nicht zudringlich zu werden, hielt meine schriftliche Unterredung zurück.« Unmut auch beim Gedanken an einen mehrfach angekündigten Besuch des Bruders in Meiningen: »Aber ich muß Dir's ins Gesicht sagen, daß ich Dirs nicht glaube; Du hast mir schon so oft etwas versprochen, auf das ich mich vergebens freute; – und überdieß bist Du zu sehr an die große Welt gewöhnt, als daß das Verlangen, unsere ländliche Einrichtung zu sehen, etwas mehr als vorübergehender Wunsch sein könnte.«

Dieser Brief ist, unfreiwillig, zugleich der Abgesang auf geschwisterliche Korrespondenz; »die schriftliche Unterredung« mit dem Bruder wird es so auf lange Jahre nicht mehr geben. Das ist eine Auswirkung der Meininger Ehefessel: Christophine wird als Briefpartnerin des Bruders entthront. Reinwalds eifersüchtiges und ehrgeiziges Regiment schließt auch ein, dass er nun federführend im Briefwechsel mit Friedrich Schiller sein will und sie, die er besitzanzeigend »meine Frau« nennt, auf Nachträge, Postskripta, ein paar zusätzliche Grüße beschränkt, von denen sie weiß, dass er sie kontrolliert. Das heißt nicht weniger (und war von ihr wohl kaum so vorauszusehen), als dass sie als Partnerin des Bruders mundtot gemacht ist und nurmehr für den Kleinkram zuständig. Fünfzehn Jahre lang sind ihre Zeilen nur noch beklommene Zusätze zu den literarischen Fachgesprächen, in die Reinwald seinen »lieben Bruder« zu verwickeln versucht, in denen er gern von seinem eigenen Dichtertum spricht und davon, dass er sich mit Versen leichttue; in denen er dem Empfänger rät, doch ja recht fleißig zu sein, und sich eine geradezu klebrige Intimität herausnimmt: »Dein Brief vom 13. v. M. machte mir viel Freude. Er verrieth mir besonders viel Wahrheit und Innigkeit. Fein und lieblich ist das unter Brüdern.«

Aber Christophines Unbefangenheit im brieflichen Verkehr mit dem Bruder war wohl auch deshalb verloren gegangen, weil sie mehr und mehr erkannte, dass sie in einer Falle saß, die er ihr hatte ersparen wollen, und dass sie sich nicht gut über eine Umklammerung bei ihm beschweren konnte, vor der er sie so heftig gewarnt hatte. Für Klagen übers Ehejoch war Bruder Fritz nun gewiss der unerlaubteste Adressat, wenn sie denn solche Klagen überhaupt hätte aussenden können. Erst fünfzehn Jahre später (das ist ein anderes, ein späteres Kapitel, da haben die Geschwister eine Geheimkorrespondenz verabredet), nach dem Tod der Mutter im Jahr 1802, lesen wir wieder Klartext: »Du hast freilich recht liebster Bruder daß ich in der ersten Zeit meinem Manne zu viel nachgegeben habe und ich kann es nicht hinlänglich entschuldigen. Nur dieß Einzige erlaube mir daß, da ich einmal einfältig genug war den Ersten Schritt zu thun ich es für eine nothwendige Folge deßelben hielt, alles zu vermeiden, was Auffallende Auftritte veranlaßen könnte; sonst hätten wir uns im ersten Jahr wieder getrennt. Da aber diese Trennung mir durch den Gedanken wieder in die unangenehme Verhältnißen auf die Solitude zurück zu kehren mir unerträglich war und mir von zwey Uebeln das beßere immer noch meine gegenwärtige Lage schien so litt ich in der Stille die Folgen derselben.«

Aber es gibt auch ein unmittelbareres Zeugnis aus der frühen Ehezeit, dessen Tenor denn doch anders lautet; da schreibt Christophine an die vertraute Freundin Ludovike, der sie doch, sollte man meinen, ihr Herz hätte ausschütten können: »Ich hab ihn recht lieb und sehne mich allemahl wenn ich auch in sehr angenehmer Gesellschaft bin, in die seinige, weil sie vor mein Herz und Geist unentbehrlich ist, seine Sorgfalt vor meine Zufriedenheit ist ohne Gränzen und es dörfte mancher Ehemann sich dar nach bilden.« Und wenn sie ihm, was ganz selten der Fall ist, selbst einmal einen Brief schreibt, gebraucht sie die Anrede »Liebs Männle«.

Wir haben gelesen, dass Christophine sich den Besuch ihres Bruders in Meiningen sehr gewünscht, ihm aber nicht zugetraut hatte, dass er sein mehrfach gegebenes Wort halten werde. Im zweiten Ehejahr macht Schiller erneut Andeutungen von einer Reise nach Meiningen und bittet, ihm für den Monat August »ein Zimmer, eine Schlafkammer und eine Bedientenstube, nebst Meubles« zu besorgen. Sein Besuch findet tatsächlich, wenn auch erst Ende November statt, und Schiller gibt in einem langen Brief an den Freund Christian Gottfried Körner Auskunft über diverse Reisestationen.

Man liest diesen Brief in der Erwartung, endlich einen genauen Blick in den kleinen Haushalt der Reinwalds tun zu können, Christophine in ihren Rollen als Ehefrau, Hausbesorgerin, Zeichenlehrerin, als Selbständige im eigenen Reich zu erleben, man erhofft sogar eine psychologische Analyse dieser seltsamen Ehe. Schillers Beschreibung des Reinwald'schen Zusammenlebens – das müsste doch zu mehr als einem Genrebild taugen, vielleicht sogar zu einem sacht ironischen Gemälde aus dem bürgerlichen Leben?

Aber solche Erwartung wird gleich zu Beginn gedämpft; denn der Besucher gesteht dem Freund, dass er sich eher unwillig in Bewegung gesetzt hat (»bekam ich solche Aufforderung von meiner Schwester und der Dame, auf deren Gut ich war, nach Meiningen zu kommen, daß ich meinen Interims-Witwenstand in Weimar endlich aufopfern mußte«). Schiller schildert erst einmal knapp, aber subtil das Wiedersehen mit seiner Einsiedelei in Bauerbach, dem Fluchtasyl: »Jezt nach 5 Jahren kam ich wieder, nicht ohne manche Erfahrungen über Menschen, Verhältniße und mich. Jene Magie war wie weggeblasen. Ich fühlte nichts.« Dann erzählt er von seinen Besuchen bei einigen Adelsfamilien und porträtiert sie mit sarkastischem Witz, etwa so: »die Frau ein vaporöses, falsches, intrigantes Geschöpf, dabei aber höflich wie die Falschheit und übrigens voll von gutem französischen Ton.«

Endlich kommt er am Ziel seiner Reise an, das er übrigens, wie in den meisten seiner Briefe, Meinungen nennt. Dort macht er Bekanntschaft mit dem regierenden Herzog, dem 26-jährigen Georg Friedrich Karl von Sachsen-Meiningen, von dem er, wie schon erwähnt, enttäuscht ist. Freundlicher verläuft ein Besuch beim Porträtmaler Reinhart (»er hat mich gezeichnet und ziemlich getroffen«). Es folgt ein Abstecher nach Rudolstadt, der in der Tat eine Art Schicksalsfahrt für ihn wird, denn er lernt dort, in der Familie derer von Lengefeld, die beiden Töchter kennen, Charlotte, seine spätere Frau, und die (noch in erster Ehe verheiratete) Karoline von Beulwitz. »Beide Geschöpfe sind, ohne schön zu seyn, anziehend und gefallen mir sehr.« Noch aber spürt er hier seine Zukunft nicht; die Gedanken gelten eher der Freundin Charlotte von Kalb (auf die er seinen Witwenstand bezogen hat), die ihm aber nachreist, und einer der Töchter Christoph Martin Wielands in Weimar. Die Heiratsüberlegungen, die ihm bei dieser Reise kommen, sind kühl bis zum Zynismus: »Es ist möglich, daß ein intereßanteres Mädchen mir aufgehoben seyn kann, aber das Schicksal läßt es mich vielleicht in 6 oder 8 Jahren finden. Schon jetzt hab ich die Neigung dazu nicht mehr, ich habe nach Gründen der Nothwendigkeit dafür gesprochen. Eine Frau, die ein vorzügliches Wesen ist, macht mich nicht glücklich oder ich habe mich nie gekannt.«

Und dann noch ein paar Bemerkungen über Goethe (mit dem er noch keinen Kontakt hat) und zu den Vorwürfen Körners, dass er ein säumiger Korrespondent sei und vielleicht ein schlechter Freund. Auch hier zweideutig: »Wie konnte ich in Briefen seyn, was ich im Leben nicht war.« Aber immerhin: »Ewig Dein Schiller.«

Der Brief eines 28-Jährigen, der Bilanz zu ziehen versucht, Zukunftslinien vorzeichnet. Der Kaltblütigkeit vortäuscht, wo eher Emotionen vor der Vielfalt der Möglichkeiten im Spiel sind. Und doch ein erschreckendes Dokument: Kein einziges Wort über das Wiedersehen mit der Schwester, über den Besuch bei den Reinwalds, über den Umgang mit ihnen. Man könnte glauben, er habe die Visite, zu der er doch aufgebrochen war, gar nicht gemacht, als sei das verabredete Treffen gar nicht zustande gekommen.

Erst zwei Wochen nach seiner Abreise aus Meiningen raffte sich Schiller zu ein paar freundlichen Worten an den Schwager auf: »Noch einmal Dank Dir und meiner Schwester für die liebevolle Aufnahme meiner und die vergnügten Stunden die ich bei euch genossen habe. Ich denke noch immer mit Freude an diese Tage, die mir unter so lieben Menschen so angenehm verflossen sind. Möchtet ihr doch recht glücklich seyn und das Schicksal uns auf länger vereinigen.«

Der Brief verdeckt den wahren Charakter des Besuchs bei den Reinwalds: es war ein bedrückendes, beklommenes Intermezzo. Der Hausherr, einen längeren Einbruch in sein Privatissimum überhaupt nicht gewohnt, gab sich zwar Mühe, seinen Missmut vor dem berühmten Schwager zu zähmen, aber als dann auch noch dessen eifersüchtige Geliebte, Charlotte von Kalb, auf den Plan trat und sich ganz unbefangen in Reinwalds »Studierzimmer« auszubreiten begann, drohte wohl eine Szene. Für Christophine wurde der ersehnte Besuch zu einer tagelangen Nervenanspannung, statt Heiterkeit brachte er Betretenheit und Herzklopfen, statt fröhlicher Gespräche nur Reden um den heißen Brei. Christophine atmete erst auf, als der geliebte Bruder ohne lauten Krach davongekommen war. So erklärt sich also Schillers seltsame Auslassung im Bericht über die Reise.

Nachdem Schiller am 22. Februar 1790 Charlotte von Lengefeld geheiratet hatte, schien Reinwald zu glauben, ein neues Objekt für seine enge Weltsicht, seine merkwürdige Menschenscheu gefunden zu haben. Gewiss hatte Schiller seiner Frau von den Marotten seines Schwagers erzählt, und sie hatte den brieflich vorsichtig darauf angesprochen. Nun antwortete er hochgemut: »Wie wir hier leben, was wir für Umgang haben, fragten Sie, liebste Frau Schwester. Diese Frage sollte Ihnen eigentlich meine Frau beantworten (…) Freilich ist der Umgang mit den Todten immer der solideste, aber wer sollte den Umgang der Lebendigen dennoch mißen können?« Bei anderer Gelegenheit gab er seine Misanthropie noch deutlicher zu erkennen: Der Umgang mit Büchern sei besser als »Ceremonienvisiten«, bei denen man »Gottes theure Zeit damit zubringe, sich mit dem Gast zu zanken ob er genug Kaffee getrunken oder nicht, und wenn der Gesprächsstoff vollkommen weggeplaudert sei bis auf den Knochen, selbst noch den Knochen benage wie ein elender Hund.«

Bedrückend zu lesen, wie sich Christophine in jenen Jahren, da sie keine Zeile ohne die Zensur ihres Mannes schreiben kann, die Beschränktheit ihres Mannes gefallen lässt, ja zu eigen zu machen vorgibt: »Man vertändelt allzuviel Zeit mit den gewöhnlichen Besuchen, die keinem von beiden Theilen zu Gute kommt. Ich bin hier in diesem Stück vorzüglich zufrieden mit dem kleinen Zirkel, den wir uns gewählt, und der uns zur Erholung und Belohnung, wenn wir gearbeitet haben, groß genug ist.«

War ein Eklat bei Schillers Besuch gerade noch vermieden worden, so wurde ein Aufenthalt der Mutter und der fünfzehnjährigen Nanette bei den Reinwalds im Herbst 1792 zu einem fast dramatischen Ärgernis. Die beiden waren auf einer von Schiller angeregten und von der Stuttgarter Familie mit Liebe und Präzision vorbereiteten Reise, die zunächst bis Rudolstadt ging, wo Schiller und seine Frau im Haus der Lengefelds Ferien machten. Nach zehn Tagen reisten die Besucher mit dem Ehepaar Schiller weiter nach Jena; sie verlebten harmonische Tage, auch wenn Dorothea Schiller mit ihrer Schwiegertochter nie recht warm werden konnte.

Dann aber die Rückreise über Meiningen, Einkehr in das Reizklima des Reinwald'schen Haushalts, in die nervöse, verkrampfte

Herzlichkeit Christophines; in eine Freude, die in der engen Wohnung zu ersticken schien. Der Hausherr machte sich offenbar nicht die geringste Mühe, seine schlechte Laune zu verbergen, und drang bei seiner Frau darauf, dass die Gäste doch bitte für ihre Verpflegung zahlen möchten. Und als die lebhafte Nanette, die hübscheste der Schwestern, sich offenbar in ihrer Unbefangenheit nicht einmal von der Grimmigkeit des Haustyrannen stören ließ, kam es zu einem regelrechten, nicht detailliert dokumentierten Krach. Immerhin beschwerte sich Reinwald bei den Schillers; man solle doch dieses junge Ding einmal gründlich ins Gebet nehmen.

Danach redete auch Dorothea Schiller Klartext und schrieb an ihren Sohn: »Der guten Fene werde ich nichts mehr von den unartigen Briefen ihres Mannes schreiben. Da sie ohnehin genug zu leiden hat bei ihm, werde ich sie damit verschonen. Da ich damals meine liebe Tochter besuchte, lernte ich ihn immer mehr zu seinem Nachtheil kennen; sie fürchtete sich, mir ihre Liebe und Bereitwilligkeit, so lange ich bei ihr war, zu beweisen, und ich ersetzte alles, als ich fortging, gedoppelt, was ich genossen, daß sie keine Vorwürfe von ihm zu gewarten habe. Ich ging gewiß mit schwerem Herzen zurück (…) Die liebe gute Fene ist gewiß zu bedauern.« Und der Schwiegertochter Lotte klagte sie Christophines Leid noch drastischer: »Überhaupt hat seine Frau gar keinen Willen und muß sich beinah wie eine Sklavin behandeln lassen.«

Wenn die Reinwalds nicht allein in ihrem einzigen Wohnzimmer sitzen oder der Gelehrte in seiner Hofbibliothek deren Schätze sortiert und katalogisiert und Christophine ihre Malschülerinnen in der Kunst des Aquarellierens unterweist, dann ziehen die Eheleute hinaus ins Grüne, auf ihre beiden Berge. Berge nannte man in Meiningen jene steil ansteigenden Gärten, die auf dem nordwestlichen Berghang oberhalb der Stadt gelegen sind. Der Garten ist ja die große Leidenschaft des 18. Jahrhunderts, und den großen Parks jenseits der Schlösser eifern mehr und mehr die Bürgeranlagen nach, oft aber auch nur kleine Parzellen, die der häuslichen Versorgung mit Gemüse und Kartoffeln dienen. Rousseaus »Zurück zur Na-

Apfelstudie, Meiningen 1805, *Roter Herbst Calvil von d. Solitude*,
Aquarell von Christophine Reinwald

tur!« (das er übrigens so konkret gar nicht formuliert hat) findet da
seine ebenso banale wie praktische Verwirklichung.

1793 hatte das Ehepaar zwei solcher Hanggärten erworben und
sich bemüht, daraus zugleich eine Vorratskammer und ein Som-
merrefugium zu machen. Eine kleine Hütte, die dort schon stand,
versuchte man, wieder mit knappsten Mitteln, aufzumöbeln. Reinwald an Schiller: »Das Berghäuschen, das Ihr gesehen habt, ist nun
ausgebaut. Es gefällt mir freilich wenig, denn es fehlt die gute Anlage, die der Zimmermann vermuthlich nicht hat leisten können.
Doch wenn es auch nie schön wird, so gewährt es doch die Haupt-
zwecke: vor Wind, Wetter u. Sonnenhitze zu decken u. die beste
Aussicht im Garten zu gewähren.« Der späte Gärtner berichtete von

einer leidlichen Kirschenernte und hoffte für den Herbst auf Birnen, Pflaumen, ja sogar auf ein paar Trauben. Übrigens lege man selbst mit Hand an, um Wege und Ruheplätze zu schaffen.

Für Christophine aber war die Gartenarbeit, der Aufenthalt im Berg noch etwas mehr: Erinnerung an den Garten hinter dem Haus in Ludwigsburg und vor allem an die großen Pflanzungen, die der Vater auf der Solitude angelegt hatte. Es war der Traum von einer paradiesischen Weite, hier allerdings zur Miniatur geschrumpft. Der Geruch von Kindheit und Jugend. Die Verbindung zur Heimat wurde dann auch ganz konkret, als der Vater im Herbst 1794 etliche Obstbäume aus seinen Beständen nach Meiningen verfrachtete. Da war sogar die Unternehmungslust Reinwalds geweckt, zusammen mit seinem Ordnungssinn. Stolz an Schiller: »... so hab ich Dir wohl noch nicht gemeldet, daß ich über 100 neue Fruchtbäume und Bäumchen in meinen Berg habe setzen laßen, theils gekaufte, theils geschenkte. Darunter sind 24 edle Äpfel(-) u. Birnstämme von der Solitüde oder deren Environs. Hundert andere habe ich symmetrisch verpflanzt. Auf das erste Laub aller dieser freue ich mich wie ein Kind auf den heil. Xst.«

Jahre später, als die Bäume reichlich zu tragen begannen, dienten die farbenprächtigen Äpfel und die goldgelben Birnen der Malerin Christophine oft zur Vorlage. Diese mit Detailtreue und subtilen Farbnuancen gearbeiteten Aquarelle waren wie Reliquien aus einem verlorenen Garten Eden, beschworen das Aroma einer nie ganz ausgelebten Jugend.

6. Der Sommer der Katastrophen
(Solitude 3)

Und dann, nach zehn Jahren Ehe, geschieht ein Wunder: Christophine besteigt am 30. April 1796 in Meiningen die Nachtkutsche in Richtung Nürnberg. Sie darf reisen, als fast Vierzigjährige endlich einmal allein unterwegs sein, auf sich selbst gestellt. So groß ist das Wunder nicht, dass sie mit dieser Kutsche, mit dieser Fahrt nun auch dem vergangenen Jahrzehnt entkäme, dass der Aufbruch auch ein Ausbruch wäre aus dem Gefängnis ihrer Zweisamkeit, eine Reise zu sich selbst. (Die wird noch zwanzig Jahre auf sich warten lassen.) Aber ein gar nicht so kleines Wunder ist es schon, dass Reinwald sie hat reisen lassen, nach langem Quengeln und sehr gegen seinen Willen und erst auf gehörigen Druck von Seiten des immer berühmter gewordenen Schwagers, der denn auch das Reisegeld für seine Schwester gestiftet hat. Nun darf sie einsteigen, unterwegs sein, auf eigene Faust durch die Nacht reisen. Und sie kann mit den Leuten reden, ohne dass ihr jemand über den Mund fährt.

Und so wird die lange Fahrt über alles Erwarten angenehm. In der Kutsche sitzen Kaufleute und ein Jurist, der einen Freund in Nürnberg besuchen will. Und noch auf der Fahrt oder gleich nach der Ankunft dort stellt sich heraus, dass dieser Nürnberger Freund, ein Johann Benjamin Erhard (wie die Wissenschaft herausgefunden hat), den Bruder 1791 in Jena kennengelernt, zwei Jahre später bei sich zu Besuch gehabt und später noch einmal in Würzburg getroffen hat. So öffnen sich Türen und Herzen. Dieser freundliche Herr führt Christophine zwei Tage lang in der Stadt herum, denn so lange muss sie auf Anschluss warten: »Diese Bekanntschaft war mir äuserst angenehm da ich dort keinen Menschen hatte und mußte doch da abwarten bis der Wagen nach Stuttgart gieng.« Mit ihrem

Sightseeing wich sie übrigens gleich von der Direktive ihres Mannes ab, der ihr verordnet hatte, sich nur im Gasthof aufzuhalten, denn: »Besuche ermüden nur.«

Aber die Fahrt, so angenehm sie verläuft und so abwechslungsreich sie unterbrochen wird, ist nicht die Reise, das Freiheitswunder, wie sie es so lange ersehnt hat. Es erwartet sie kein fröhlicher Besuch bei den Eltern, kein ausgelassenes Wiedersehen mit den Schwestern. Diese zehntägige Tour ist nichts anderes als der Weg von einer Misere in die andere. Von der Ehehölle in die Familienkatastrophe. Von der Misanthropie ins Martyrium. Sie weiß, dass sie auf Menschen trifft, die am Rand der Verzweiflung und am Ende ihrer Kräfte sind und die nun ihre einzige Hoffnung auf sie, Christophine, setzen, auf ihre helfende Hand, den ordnenden Geist und das trostreiche Gemüt. Sie kommt in ein Entsetzens-Szenario von Krieg, Todeskampf und Gefahr für das eigene Leben.

Schon im Frühjahr 1796 waren lauter Hiobsbotschaften von der Solitude eingetroffen. Binnen weniger Tage war die jüngste der Töchter, Nanette, gestorben und der selber schwerkranke Vater hatte geklagt: »O meine lieben Kinder, wie sehr sind wir darniedergebeugt. Ich sehe noch nirgends hinaus, wenn [wann] mich Gott von meinen Leiden befreyen wird, und die gute Mutter macht mir jetzt auch bang. Auch sie scheint sich legen zu müssen und der Louise wird es nicht besser gehen.« Und Louise, wenige Tage später: »ich muß alle Leibes und SeelenKräffte anwenden mich aufrecht zu erhalten sonst gienge die Ganze Haußhaltung zu grund.« Am ergreifendsten die Mutter: »o mein liebster Sohn unser jamer ist nicht aus zu sprechen, wir gehen alle zu grunt, die Schmerzen bei Papa thauren noch emmer fort (Er) schreidt und lamentiert daß wir nicht wißen vor schrecken wo wir bleiben solln.«

Und in allen Briefen die Frage: Kann denn Christophine nicht zu Hilfe kommen, kannst Du, Schiller, nicht dafür sorgen, dass Reinwald sie fahren lässt, als unsere letzte Rettung? Der Sohn gibt dem Chor der Lamentos seine Stimme und schreibt an die Schwester: »Der Jammer ist unaussprechlich. Kannst Du es möglich machen, glaubst Du, daß Deine Kräfte es aushalten, so mache doch die Reise noch hin. Was sie kostet, bezahle ich mit Freuden. Rheinwald (sic) könnte Dich ja begleiten, und wenn er es nicht wollte, solange hieher zu mir kommen, wo ich brüderlich für ihn sorgen würde.« Schiller weiß, dass er Reinwalds hypochondrische Panik vor dem Alleinsein überwinden muss, und appelliert an dessen Ehre: »Ich kenne Dein kindliches, liebevolles Herz, ich kenne die Billigkeit und Rechtschaffenheit meines Schwagers. Beyde werden euch lehren, beßer als ich, was unter diesen Umständen nöthig ist. Grüße ihn herzlich.« Dem kann sich der Schwager nicht mehr widersetzen. Christophine darf reisen. Auf die schöne Anhöhe, die nun ein Jammertal ist.

Sieben Jahre zuvor, 1789, war Christophine, damals zusammen mit ihrem Mann, zuletzt auf der Solitude gewesen. Es war eine Reise, die sie im hohen Alter zu einem der »Licht-Blike meines Lebens« zählen sollte. Es war das Revolutionsjahr, von dem die Kriege und Tragödien der folgenden Zeit ihren Ausgang nehmen sollten, aber rund um das erhabene Schloss-Ensemble herrschte noch die Idylle. Der damalige Besuch bedeutete nicht nur das freudige – und noch einmal unbeschwerte – Zusammensein mit der ganzen Familie, sondern auch das erhoffte Wiedersehen mit der inspirierenden Jugendfreundin Ludovike. Die hatte sich vom Stuttgarter Hofmaler Nicolas Guibal in der Ölmalerei ausbilden lassen und war, als die beiden Frauen sich wiedertrafen, noch nicht lange aus Frankreich zurück, wo sie unter anderem bei dem renommierten Porträtmaler Antoine Vestier in Paris studiert hatte. Ludovike konnte sich ihrer Kunst und ihres Materials sicher sein.

Schon immer hatte Christophine ihre talentierte Freundin nicht nur geliebt, sondern auch sehnsuchtsvoll bewundert. War die Kunst des Bruders für die Schwester so etwas wie ein Naturereignis, das nichts als Verehrung, Staunen und allenfalls Einfühlung zuließ, eine Explosion von Sprache, die über ihre Begriffe ging, so war die Malerei, aus der Ludovike nun eine Profession gemacht hatte, doch ein

Metier, das ihr selbst am Herzen lag, dem sie sich gern intensiver hätte widmen wollen, als es durch den Zeichenunterricht, den sie selbst gab, zu erreichen war. Etwas neidvoll hatte sie ein Jahr zuvor, als Ludovike noch in Paris war, an sie geschrieben: »Ich bin meist mit angenehmen Arbeiten beschäftigt, worunter ich auch vorzüglich das Zeichnen rechne, weil man hier doch viel Geschmack an dieser Kunst findet; ich denke, wenn ich es nur einmal so weit wie meine Ludovike bringen könnte, allein dazu habe ich keine Hoffnung, denn die Ölmalerei ist allzu schwer um vor sich zu lernen.« Immerhin zeigt diese Einsicht, wie viel sie von der Schwierigkeit solcher Kunst begriffen hatte. Sie selbst blieb daher fast immer beim Aquarellieren.

Und in diesen heiteren Tagen des Sommers 1789 machte Ludovike ihrer Freundin Christophine ein kostbares Geschenk: Sie porträtierte sie in Öl. Sie schuf das Bild »einer jungen Frau von großer Vitalität und Originalität, von körperlicher und seelischer Stabilität und Herzensbildung. Ohne Rücksicht auf Repräsentationsbedürfnisse, lebt es aus der Spannung zwischen der Schlichtheit und Natürlichkeit der Person und der Eleganz, die die Künstlerin ihrer äußeren Erscheinung verlieh.« So hat es der beste Kenner der Schiller-Ikonographie, Michael Davidis, gedeutet und zugleich darauf hingewiesen, wie außergewöhnlich eine solche – unbezahlte – Freundschaftsgeste gewesen sei. Denn für ein Auftragswerk habe die Familie Schiller damals »weder das Geld noch das Selbstbewusstsein gehabt«.

Aber die Kunst der Freundin – die dann einige Jahre später doch eine Familiengalerie der Schillers malen sollte, darunter das berühmte Porträt des gedankenvoll blickenden Dichters – ließ auch Christophine in jenem Sommer 1789 nicht ruhen. Sie selbst versuchte sich damals an Porträts von Vater, Mutter, den Schwestern Louise und Nanette. Wie weit ihr Ludovike dabei mit Rat und Tat zur Hand ging, ist nicht bekannt; aber dass sie überhaupt den Impuls zu solcher Arbeit fand, hatte gewiss mit dem anregenden Beispiel der Freundin zu tun. Und sie selbst schien auch zufrieden, denn sie fertigte sogar Kopien an, die sie an den Bruder schickte, der damals gerade seine Professur in Jena angetreten hatte, sich herzlich bedankte und sie zu sich einlud: »Deine nächste Reise, liebste Schwester, wird, wie ich hoffe, zu Deinem Bruder seyn; alles was brüderliche Liebe vermag und Jena Angenehmes hat, wirst Du bei ihm finden.«

Das lag nun weit zurück. Die Solitude hatte sich aufs grausigste verändert. Nichts mehr von Idylle, nichts mehr von sorgsamer Plantagenkultur, liebevoller Gärtnerei. Die zwei Geschichtsebenen, von denen am Anfang dieses Buches die Rede gewesen ist, hatten sich aufs katastrophalste verkantet. Die Welt des alten Adels befand sich nicht mehr nur in einem Ideenkonflikt, sondern im Krieg mit der republikanischen Mobilmachung, die sich seit 1789 in Frankreich ereignet hatte. Der Sturm auf die Pariser Bastille hatte zu einer Volksarmee geführt, und die Hoffeste des aristokratischen Europa waren aufgegeben worden zugunsten einer militärischen Allianz gegen ein Frankreich, in dem die Revolution immer größere Schrecken verbreitete. 1792 hatten österreichische und preußische Truppen (nunmehr vereint) noch versucht, in Paris die alte Ordnung wiederherzustellen, waren aber bei Valmy fürchterlich geschlagen worden. Seither machte Frankreich Front gegen eine Koalition von Fürsten, die seit der Enthauptung Ludwigs XVI. und seiner Frau Marie Antoinette nicht nur um ihre Besitztümer und die Untertänigkeit ihrer Bewohner, sondern auch um ihren Kopf fürchteten. Aber die große europäische Allianz (zu der zeitweilig sogar England gehörte) fiel bald auseinander; nach dem Frieden zu Basel 1795 kämpften nur noch Preußen und Österreich gegen die immer wieder über den Rhein drängenden Franzosen. In Württemberg war es nicht der Feind, der die Bevölkerung zunächst in Mitleidenschaft zog, sondern das österreichische Militär, das ihm entgegentreten sollte. Es gab Schlachten, Gefechte, heftige Scharmützel – und viele Verwundete.

Auf der Suche nach Lazaretten hatte man auch die Solitude für geeignet befunden. Ausgerechnet die große Orangerie, in deren oberer Etage die Schillers fast zwanzig Jahre lang gewohnt hatten, war nun ein k.-k. Feldhospital geworden, ebenso wie der Marstall, das Comödienhaus, ein Plantagenbau und einige kleinere Gebäude. Schon 1795 hatte man fast zweitausend Verwundete gezählt.

Kaspar Schiller war schon vor Jahr und Tag zu einer »Art Platz-kommandant« und zum Obristwachtmeister (Major) ernannt worden, hatte in dieser Funktion, statt für die Pflanzen und die Baum-schule, für den Ausbau und den Betrieb der Lazarett-Räumlich-keiten zu sorgen, Meldungen über die Belegung zu verfassen, die Rekonvaleszenten weiter ins Hinterland zu schicken und die Wün-sche der behandelnden Ärzte entgegenzunehmen. Mehr als hun-dert Personen traktierten ihn mit Forderungen und Beschwerden: Stabschirurgen, Oberchirurgen, Unterchirurgen, Feldapotheker mit ihren Laboranten, Spitalkaplane und das einfache Pflegepersonal. Auch für die Statistik des Elends war Major Schiller zuständig; er zählte allein von April 1794 bis Mai 1795 656 Tote bei den »kaiser-lich-königlichen Reichstruppen« und 789 unter den gefangenen Franzosen. Einer der beiden evangelischen Geistlichen, die neben zwei katholischen Kaplanen die Verwundeten und die Sterbenden betreuten, war ein Vikar Johann Gottlieb Franckh, den Christophine auf der Solitude kennenlernte und der drei Jahre später ihre Schwes-ter Louise heiraten wird.

Schreie, Stöhnen, Hilferufe und das Jammern der Sterbenden, wütende Befehle, das Murren der Pfleger sind an die Stelle des Fan-farenjubels von einst getreten. Schlimmer noch ist der scharfe Ge-ruch der Tinkturen, der Gestank von Verwesung, der Hauch von Todesangst, der über der Solitude liegt. Und noch gefährlicher das, was man nicht sieht, hört, spürt: Die permanente Ansteckungsge-fahr durch tödliche Keime.

Es war eine solche Typhus-Infektion, die die Schwester Nanette hingerafft hatte, nicht ohne ihre Schönheit vorher in eine aufge-dunsene Gespenstischkeit verwandelt zu haben. Am 23. März war sie gestorben. Ihr Tod musste Christophine wie ein Vorwurf treffen,

Nanette Schiller, Porträtminiatur (Urheber unbekannt)

denn längst schon hatte sie das Mädchen zu sich nach Meiningen holen wollen; aber unter Reinwalds Fuchtel wäre das eine Qual geworden.

Und just im Zimmer der Toten muss nun Christophine ihr Quartier nehmen, in einem wiederum winzigen Raum. Denn die Familie hat mit der Errichtung des Lazaretts schon vor einiger Zeit umziehen müssen in eins der hübschen, aber schlecht gebauten und vor allem sehr kleinen Kavaliershäuser, wo die Eltern im Erdgeschoss und die beiden Töchter in der oberen Etage ihre Räume hatten. Christophine wohnt nicht nur im Gemach der Nanette, sie steht ihr auch gegenüber: »Ihr Bild hängt in meinem Schlafzimmer, es ist gut getroffen, aber sie muß schöner noch gewesen seyn, doch ist ein großer Ausdruck darin der hauptsächlich in ihrem Gesicht lag. ihr Mund ist so schön daß er zum Muster der Schönheit genommen werden könte und ihre Augen voll Verstand und Reinheit der Seele. Wahrhaftig ich versenke mich in ihren Anblick so schön ist sie; auch ihr Wuchs voll Majestet und Würde.« Auch dieses Bild war ein Werk der Freundin Ludovike, gemalt im Sommer 1789.

Vor allem mit der Pflege des schwerkranken Vaters ist nun Christophine gefordert, bald auch überfordert. Es gehört der Heroismus der Geduld und der Gelassenheit dazu, dem stinkend und schimpfend daliegenden alten Mann die allernötigsten Handreichungen zu machen; denn der will sich das vor Scham und Schmerzen nicht gefallen lassen. »Auch ists bis jezt noch keine Möglichkeit, ob es schon mehrere Ärzte auch vorgeschlagen haben ein Bad zu gebrauchen da er nicht die geringste Bewegung machen darf ohne die Schmerzen aufs neue zu erregen es ist in der langen Zeit da ich schon hier bin kaum zweymal das Bett ordentlich gemacht worden …« Ob es ihr die Ärzte zugeraunt haben oder ob es ihre eigene Mutmaßung ist: sie scheint auch die Wurzel seines Übels erkannt zu haben. Nicht die Gicht (auf die er als alter Soldat wahrlich ein Anrecht gehabt hätte und die ihm in mancher Biographie auch heute noch zugeschrieben wird), sondern etwas viel Schlimmeres verursacht sein Leiden. »Ich weiß nicht, ob ich Dir schon gesagt habe daß der schmerzhafte Ort im Lendenwirbelbein auf der lincken Hüfte ist – Es ist mir schon eingefallen ob der Schmerzen nicht im Knochenmark seyn könte weil doch alle mögliche(n) Mittel nichts helfen wollen.« (Heute vermutet man bei diesen Symptomen ein Prostatakarzinom mit Metastasenbildung.)

Aber auch als Organisatorin, als rechte Hand des Vaters muss Christophine in diesen Wochen einspringen. Denn Kaspar Schiller hat noch immer, nun vom Bett aus, seinen mehrfachen Dienst zu tun: als Oberaufseher über das Lazarett, als Herrscher über den restlichen Gartenbetrieb, als Kommandeur des verbliebenen Schlosskommandos. Ob sie es war, die das veranlasst hat: Jedenfalls trifft bald nach ihrer Ankunft ein Husarenrittmeister mit Namen Johann Christian Beuttel ein mit dem Auftrag, »den Major Schiller seiner kränklichen Umstände wegen bei allen Vorfallenheiten, besonders in Bezug auf *den* K.K. Feldhospital dahier zu unterstützen«.

Da niemand im Haus, auch der Kranke selbst nicht, an Genesung glauben kann, hat Christophine auch eine andere wichtige Angelegenheit zu erledigen oder wenigstens in die Wege zu leiten: Die Frage, was aus ihrer Mutter und der Schwester Louise nach dem Tod des Vaters werden solle, wo sie bleiben können? Es geschieht nicht hinter seinem Rücken; er selbst diktiert die Eingabe. »Der liebe Vater hat auch gestern in einem Brief den ich ihm an den Herzog schreiben mußte auf den Fall wenn er sterben solte, um eine Pension für sie gebeten ich hofe nicht, daß es abgeschlagen wird, da der liebe Vater so viel Gutes hier stiftete, und ein 44-Jähriger Diener des H(erzoglichen) Hauses ist.« (Diese Pension wurde, nach dem Tod Kaspar Schillers, gegen Ende des Jahres 1796, bewilligt.) Bei aller Bedrückung, die sie beim Gedanken an ihre Meininger Klausur immer wieder überfällt, überlegt sie sogar, Mutter und Schwester dorthin zu holen, nicht in den eigenen Haushalt, aber in eine kleine separate Wohnung. (Aber die Mutter und Louise werden Unterkunft in einigen Zimmern des Leonberger Schlosses finden.)

Bei aller Arbeit weiß sich Christophine gegen den eigenen Zusammenbruch zu schützen. »Ich gehe jetzt mit der lieben Mama fast alle Tage eine Stunde in die frische Luft. Das bekomt uns beeden sehr wohl, und ich fühle mich überhaubt sehr gesund so lange ich hier bin, denoch brauche ich eine Kur um die Nerven zu stärken, weil mich jede Alteration so gleich angreift, und besonders auf meine Augen wirkt. Doch Gott sei Dank daß ich jetzt keine Zeichnungsstunden geben darf!« (Soll heißen: muss!)

Dies alles schreibt sie nicht ihrem Mann, sondern dem Bruder, als dessen Stellvertreterin sie sich ja in dieser schweren Situation in besonderem Maße empfindet; auch er sieht sie so, zumindest hatte er, da er selbst unabkömmlich war, ihr diese Rolle auferlegt. Und sie freut sich, dass die Unpässlichkeit seiner Frau Lotte, von der er ihr gleich nach der Ankunft berichtet hatte, das Krankenlager der

Familie Schiller nicht noch vermehrt, sondern sich als spät erkannte Schwangerschaft aufgeklärt hat. (Am 11. Juli 1796 wird der zweite Sohn, Ernst Wilhelm, geboren.) Und sie schließt diesen Brief mit bewegten Sätzen und im Blick auf ihre Ehe: »Für Dein edles Anerbieten bester Bruder mich in Zukunft zu unterstützen sag ich Dir den rührendesten Dank. Meine Bedürfniße sind so gering und das was ich jetzt durch Deine Güte habe« – das Geld für die Reise – »mir auf lange Zeit hinreichend! solte ich einmal in den Fall kommen von Deinem Anerbieten gebrauch zu machen so komme ich freilich zu Dir mit meiner Bitte; denn wem sonst möchte ich lieber Dank schuldig seyn als Dir!«

Die größte Katastrophe dieses Sommers kündigt sich in diesem Brief auch schon an: das Nahen der Front. Die Franzosen sind im Begriff, den Rhein zu überschreiten und durchs Land zu marschieren. Christophine ist à jour: »Soeben erfahren wir, daß unser Herzog gestern eilig das Conseil zusammenberufen ließ. Die Ursach ist, daß eine Depesche von Kehl kam, worinn die Franzhosen um den Durchgang durch unser Land baten man sagt sie gehen gerade nach Wien – Der Herzog hat es nach dem Rath seiner Minister und Räthe gebilligt. Es war freulich kein anderes Mittel um sie nicht als Feinde, dennoch durchzulaßen.« An Flucht ist für die Schillers nicht zu denken: »Wohin könten wir mit dem kranken Vater! Sie können uns doch das Leben nicht nehmen. Ich bleibe, es mag gehen wie es will und verlaße die Eltern nicht.«

Und mitten hinein in die Verzweiflung der Familie und die Turbulenz der Ereignisse kommt nun auch noch ein Brief Reinwalds, seine Frau solle gefälligst wieder nach Hause kommen, er brauche sie, um nicht selber krank zu werden. »Das wahr uns alle ein donerschlag«, schreibt Dorothea Schiller zornig an ihren Sohn, denn man könne Christophine jetzt nicht entbehren. Und da die Tochter ihr längst das Herz ausgeschüttet hat, verwandelt die Mutter ihr Missfallen an dem Schwiegersohn in eine furiose Anklage gegen sein tyrannisches Gebaren. Sie beschreibt eine Ehe, in der Christophine von ihrem Mann kein gutes Wort hört (»keun Trost oder aufmunterung«), in der sie nicht den kleinsten Geldbetrag zu ihrer Verfügung habe und jeden Kreuzer von ihm erbitten müsse, wo sie nicht wisse, wie man Freunde, die zu Besuch kommen, bewirten könne, so dass solche Besuche immer mehr ausblieben.

Noch ein wichtiges Detail offenbart dieser Brief der Mutter. Der Zeichenunterricht, den Christophine in späteren Jahren mit großem Engagement geben wird, ist ihr, auch wegen einer Augenschwäche, immer mehr verleidet worden, da sie ihn auf Druck ihres Mannes erteilen muss, um ein Nebeneinkommen zu erwirtschaften; vor allem deshalb, argwöhnt die Mutter, wolle er sie zurückholen. Und sie sieht den Krach voraus, den es in Meiningen geben werde, sollte sich Christophine bei ihrer Rückkehr gegen weiteren Unterricht sperren. »so unangenehm und traurig jezt die umstenn [Umstände] bei uns so erträgt sie es dennoch lieber, als zu ihrm Mann wieder zurückzukehren, und dies ist mir freulich der empfindlichste Beweis wie höchstuhnangenehm ihre Lage bei ihrm Mann sein muß, und ich kan sie auch bei dieser stemung [Stimmung] uhnmöglich fort laßen.«

Die folgenden Tage auf der Solitude wurden gespenstisch. Als am 6. Juli in aller Eile das Lazarett evakuiert und in einem »verderbten und sozusagen verfeuerten Zustand hinterlassen« wird, wollen sich auch die Schillers der allgemeinen Flucht anschließen. Ihre wichtigsten Wertsachen haben sie schon aufs Schloss Leonberg bringen lassen. Doch in letzter Minute gebietet die Krankheit des Alten Einhalt: »Aber stelle dir unsere Noth vor als wir alle unsre Einrichtungen getrofen hatten und schon einen Wagen für den Papa vor dem Haus stehen hatten, konnte er nicht von der Stelle gebracht werden. Er sagte daß wenn wir darauf dringen ihn fortzubringen unfehlbar sein Tod erfolgen würde – Also war nichts zu thun als zu erwarten wie es uns ergehen würde.« Die Schillers also mit wenigen Bediensteten und Getreuen allein gelassen auf der geschützten Anlage und im Bett der ächzende, wehklagende Vater. Dann bricht, vor den regulären französischen Einheiten, ein Trupp Freischärler auf der Solitude ein, Söldner, die auf Beute aus sind und sie in den Schlossgemäuern reichlich vorzufinden glauben. Und wieder können wir uns auf die zwar verstörte, aber präzise Chronistin Christophine verlassen:

»Auf alle Fälle mußten wir fürchten überfallen zu werden welches auch am 18 (Juli) nehmlich vorgestern geschah. es marschirte eine Partie von ungefehr 50 Mann Freikorps hier durch, und plünderten überal. sie stiesen mit ungestüm ihre geladenen Gewehre an unsere Thüre und drohten sie einzuwerfen wenn nicht aufgemacht würde. Es warn zwar etliche Männer bei uns im Haus zu einigem Beistand aber das half uns wenig. sie hiessen sie gleich fortgeheen und drohten mit ihren Flintern, Du kannst Dir die Angst von uns 3 Weibern vorstellen! Zuerst forderten sie Wein und Brod welches wir schon auf den Nothfall bereit hatten und ihnen gaben, dan wolten sie Hemten Strümpfe Schnupftücher und dergleichen, wir gaben ihnen auch, so viel wir just da hatten und die erste Parthie deren 5 waren gingen weiter – aber gleich kamen wieder andere mit eben dem Ungestüme und verlangten mit größter Gewalt indem mir einer das geladene Gewehr auf die Brust sezte ich sollte ihm ein Hemd schaffen. Es war wirklich keins mehr im Haus als das der Papa auf dem Leib hatte also sagte ich daß wir keins mehr hätten sie solten selbst sehen indem ich in der Angst ihnen die Comode aufschloß, sie wühlten die Sachen durch einander und sahen selbst daß keins da war – also suchten sie andere Sachen nahmen dem Papa seine Hosen mit silbernen Schnallen seine Dose und Schnupftuch, und Geld. vor seine Augen ohne Schonung für seine Krankheit und sein alter, dann rißen sie der Louise mit gröster Frechheit ihre 2 HalsTücher vom Hals herunter, störten alles aus wo sie etwas fanden das ihnen anständig war und nahmen es. 3 Silberne löffel die noch in der Tischlade lagen nebst ettlichen Tüchern sind auch fort. Doch ist dieser Verlust im Ganzen nicht so groß als die Angst und der Schrecken den wir hatten. Ich und die Louise konten die Alten Eltern natürlich nicht verlaßen, und doch hörte man aller Orten von den grösten Frechheiten die sie sich bei unsrem Geschlecht erlaubten also war unsre Angst gränzenlos.«

Aus Angst vor Vergewaltigungen – wie sie in der Umgebung auf den Dörfern verübt worden sein sollen – versteckten sich die Schiller-Schwestern mit den Frauen einer Nachbarsfamilie am nächsten Tag in einer Höhle im Wald und zitterten sich durch die Stunden von 7 Uhr morgens bis abends 8; Christophine nennt es den längsten Tag ihres Lebens. Abends wurden sie dann durch einen Boten mit der Nachricht erlöst, es sei ein ordentliches Kommando eingetroffen, die Gefahr vorbei. Dessen Offizier beschreibt Christophine als einen feinen und höflichen Mann, der statt Beute Visite machte und sich für die Untaten entschuldigte, zugleich aber erklärte, er müsse auf ausreichende Versorgung seiner Truppe dringen, sonst könne es wieder zu Exzessen kommen. Woraufhin der todkranke Major Schiller seines Amtes waltete und Leute in die umliegenden Dörfer (»denn hier ist ja nichts«) schickte, damit sie dort Lebensmittel auftrieben.

Schon einmal, vier Jahre vorher, hatte man auf der Solitude einen solchen Einfall fremder Soldaten befürchtet. Das war 1792, nachdem die Koalitionstruppen der deutschen Fürsten und des Kaisers bei Valmy eine verheerende Niederlage erlitten hatten. Schon damals hatte man sich in Württemberg darauf gefasst gemacht, die französische Armee werde über den Rhein setzen und bis nach Stuttgart vordringen. Deshalb hatte der kriegslistige Major Schiller einen geradezu subversiven Plan erwogen: Ob nicht sein berühmter Sohn mit seinem revolutionären Renommee helfen könne, den Feind im Zaum zu halten? Denn um die gleiche Zeit war die Nachricht durch deutsche Zeitungen gegangen, dass Schiller vom französischen Nationalkonvent mit dem Ehrentitel eines »citoyen français« ausgezeichnet worden sei und die neue revolutionäre Republik ihn zu den »Freunden der Humanität der Gesellschaft« zähle.

Kaspar Schiller war, weit eher als sein von der Nachricht nicht allzu sehr erbauter Sohn, vorurteilslos genug, darin immerhin die Möglichkeit eines Freibriefs im Fall von Übergriffen oder Plünderungen zu sehen. Das Schriftstück selbst, gewissermaßen die Ernennungsurkunde, mit der kuriosen Adresse »à Monsieur Gille publiciste allemand«, sollte den Dichter erst Jahre später, im März 1798, erreichen, als es dem vom Weimarer Hof Besoldeten nun gar nicht mehr willkommen sein konnte. Es wehte ihn, im Gegenteil, die Schärfe der Guillotine daraus an, und er schrieb an Körner: »Es ist ganz aus dem Reich der Todten an mich gelangt, denn das Loi haben Danton und Claviere unterschrieben, und den Brief an mich Roland …« Zwei waren inzwischen unterm Fallbeil gestorben, Roland de la Platière hatte sich 1793 auf der Flucht mit seinem eigenen Degen getötet.

Dass es bei den Plünderungen des Jahres 1796 auch zur Verwüstung einzelner Schlossanlagen, ja zur Zerstörung von Gebäuden gekommen und die ganze Anlage »nur noch eine leere Einöde« gewesen sei, wie es die Lokalgeschichtsschreibung des 19. Jahrhunderts wissen wollte, ist von neuerer Forschung widerlegt worden, und auch Christophine berichtet davon nichts. Der französische Offizier, ein Leutnant Maillard, war umsichtig und geschichtsbewusst genug, sich beim Abzug von Kaspar Schillers Stellvertreter Beuttel ein Zertifikat ausstellen zu lassen, »daß sowohl er als seine Truppen sich hier gut aufgeführt, gute Wache gehalten hätten«. Bei den Frauen flammte nach diesem Abmarsch die Angst wieder auf, und die Höhle im Wald musste noch einige Male als Zuflucht dienen.

Geschossen wird in diesem Krieg auch; die Franzosen sind zwar da, aber die Kaiserlichen Truppen noch in der Nähe: »Die Kugeln saußten um unser Dach daß wir oft fürchteten es möchte Feuer auskommen.« Und etliche Tage später: »Heute ist eine heftige Canernade [Kanonade] zwischen Rastatt und den dortigen Bergen, die Franzhosen besezeten alle WeinBerge um Stuttgart, und so eben hören wir daß sie wieder einen Zuschuß von 30000 Mann von der Gegend um Schwigberdingen her bekommen. Gestern abens sind mehr als 30 Wägen mit Brod hierdurch das ihnen nachgeführt wird einige glauben daß auch etwas anders darunter verstekt seyn könte nämlich Munition.«

Wir zitieren aus Christophines Schilderungen so ausführlich, weil sie nicht nur die kriegskatastrophale Situation auf der einstigen Prunkhöhe detailgenau beleuchten, nicht nur das Leiden eines alten Mannes begleiten, sondern weil sie auch die Schreiberin charakterisieren: die Wachheit, die Beobachtungsgabe und die unpathetische Energie dieser Frau. »Wir arbeiteten, wie die Pferde etliche Tage vorher«, heißt es einmal, aber man spürt auch, wie es an ihr und in ihr selbst arbeitet, wie die Überbeanspruchung ihren Anspruch an sich selbst steigert, wie das Chaos sie zusammenhält, wie die Stütze, die sie andern sein muss, ihr Selbstgefühl stärkt. In diesem Sommer 1796 ist kein Herzog mehr Herr über die Solitude, kein Major Schiller mehr der Oberaufseher, kein französischer Leutnant maître de poste – in diesen schlimmen Monaten wird Christophine so etwas wie die Regentin, eine Mutter Courage.

Die Belastungen und Strapazen haben offenbar auch einen neuen Trotz gegenüber Reinwald geweckt. Die alte Ergebenheit ist dahin und macht einem kühleren Pflichtbewusstsein Platz. Sie hat ihrem Mann geschrieben, dass sie »unter diesen Umständen« vorerst nicht abreisen könne; darüber hinaus hat sie ihre Rückkehr überhaupt unter Vorbehalt gestellt, vor allem unter die Bedingung, dass er ihr nicht weiter den für ihre Augen so schädlichen Zeichenunterricht abverlange. Aber zugleich muss sie erkennen, dass ihr Schicksal in der eigenen Familie Parallelen hat. Der schwierige und nahezu unerträgliche Umgang mit dem todkranken Vater relativiert für sie auch das Verhalten ihres Mannes; und sie offenbart sich dem Bruder:

»Seine Eigenheiten kan er nun nicht mehr ablegen und wenn er mich nur nicht zu sehr einschränkt so will ich gerne daß übrige ertragen. ich habe hier genug gesehen was sich die Mamma mußte gefallen laßen und oft so viel daß ich mein Loos nicht mit ihr thauschte – Sieh Liebster Bruder, verlaßen kan ich ihn nicht auf immer: er wird Alt und Schwächlich, und betarf meiner Pflege, und ich hätte keine Ruhe mehr in der Welt, wenn ich mir die Verlezung meiner Ehlichen Pflichten vorzuwerfen hätte, nur muß er sich darin ändern daß er mich nicht zwingt wieder [wider] meiner ganzen Neigung die Zeichnungsstunden fortzusezen.«

Aber Reinwald, der sich »in der traurigsten Lage« wegen der langen Abwesenheit seiner Frau sieht, gibt keineswegs klein bei, sondern schreibt mitten in die Agonie Kaspar Schillers hinein, es gehe ihm nicht um den Zeichenunterricht, sondern darum, »unsre Revenün zu vermehren«, also um das Zusatzeinkommen für den Haushalt, und dann müsse sich Christophine eben etwas anderes einfallen lassen.

Das Sterben des alten Schiller zieht sich noch durch Wochen hin, Schmerz- und Schimpf- und Schreiphasen gelegentlich unterbrochen durch heitere, wache, liebevolle Momente. Als Christophine ihm einen einfühlsamen, zärtlichen Brief seines Sohnes vorliest, wird er von einem Weinkrampf erschüttert. Am 7. September 1796 hat der alte Soldat ausgekämpft. Die letzte Nacht hat Christophine bei ihm verbracht, sie schildert dem Bruder den Todeskampf: »gegen 2. Uhr des Nachts überfiel ihn eine große Beängstigung und man sah mit welchem Kampf die Natur ihrer Zernichtung entgegen sträubte, er war sich schon nicht mehr bewußt er fühlte also wahrscheinlich diesen heftigen Sturm der für uns umstehende entsezlich war nicht mehr; eine halbe Viertelstunde dauerte dieser Kampf dann lag er ganz ruhig und Schlief leicht wie ein gesunder Mensch dem Ansehen nach, bis entlich um 4. Uhr auf einmal sein Odem, auch ohne die mindeste Verzukung, aus blieb …«

Diesen Brief schreibt eine Frau, die mit ihren Kräften nun doch am Ende ist und dem Bruder bekennt: »aber mein Herz ist von verschiedenem Kumer zerrißen, daß ich alle Standhaftigkeit zusamen raffen muß um nicht meine Gesundheit zu untergraben.«

Drei Wochen bleibt sie noch, um der Mutter und der Schwester Louise beizustehen und den für die beiden nun nötig werdenden Abschied von der Solitude vorzubereiten. Und sie macht sich klar, dass diese elenden Monate, diese Ängste und Abschiede doch auch für sie eine lang entbehrte Gelegenheit gewesen sind: wieder einmal ausführlich mit dem Bruder zu korrespondieren, ihm lange

Briefe zu schreiben wie in der Zeit nach seiner Flucht. Denn sie bangt um die Möglichkeit solcher Kommunikation, sobald sie erst wieder in Meiningen ist. »Du erlaubst mir doch in der Zukunft, daß ich meine Correspondenz fortsetze wenn ich nehmlich Stoff genug habe der nicht zu sehr unter der Würde ist Dir Deine Edlern Stunden zu entziehen – Noch tausend Dank für Deine Liebe.«

Aber etwas Geschäftliches will auch noch ausgesprochen sein; es geht um die Erbschaft des Vaters. Und da ist sie, für einen Moment, die große Schwester: »Ich für meine Person habe gedacht, daß mann um die Kosten und alle Weitläufigkeiten zu vermeiden, es unterlaßen könte wenn wir 3 Geschwister es der Lieben Mutter schriftlich zu ihrer Legitimation gäben daß wir nichts verlangten doch sei es ganz Deinem Befehl überlaßen wie Du es für gut findest.« Und Schiller findet es gut so.

Ende September macht sich Christophine auf die Rückfahrt; einen Heimweg wird man es nicht nennen können. Sie sagt der Mutter (die sie nicht mehr wiedersehen wird) und der nunmehr einzigen Schwester Louise Lebewohl. Aber sie nimmt auch Abschied von der Solitude, von dieser einst so prächtigen, nunmehr ramponierten und immer mehr verwahrlosenden Anlage, die ein langes Stück ihres Lebens umrahmt hatte; von einem Zufluchtsort, der ein Sterbelager geworden war.

III.

Freiheits-Etüden
oder
Auf der Suche nach dem Ich

7. Stille Post
Die letzte Verschwörung

Zwanzig Jahre nach der Komplizenschaft bei Schillers Flucht kommt es noch einmal zu einem bizarren Komplott mit dem Bruder; diesmal sind die Rollen fast tragikomisch vertauscht. Friedrich Schiller bietet sich als Mitverschwörer in einem wohlgemeinten Intrigenspiel an, das er sich zu Christophines Befreiung ausgedacht hat, zu ihrer wenigstens mentalen, seelischen Befreiung aus dem Martyrium ihrer Ehe. Er hilft ihr, eine Geheimkorrespondenz hinter dem Rücken Reinwalds zu arrangieren. Denn Reinwald hat sie ja nicht nur auf Postskripta reduziert, auf belanglose Nachschriften, hat nicht nur ihre Zeilen vor der Abfertigung nachgelesen, er hat ihr auch noch das Briefpapier abgezählt. Sie hat nicht nur in den eigenen vier Wänden den Mund halten müssen, sie konnte auch nie sagen, wie es ihr ums Herz war. Erst der furchtbare Stuttgarter Sommer des Jahres 1796 machte dem Bruder klar, wie sehr sie an ihren häuslichen Verhältnissen zu ersticken drohte. Ihren unterdrückten Seufzern, ihrem abgewürgten Aufbegehren, dieser jahrelang verletzten Eigenständigkeit einer temperamentvollen Frau verschafft der Bruder endlich ein Ventil. Vom Tod der Mutter – im Jahr 1802 – an bis zu seinem eigenen drei Jahre später führt Schiller mit seiner Schwester – neben der offiziellen Korrespondenz mit den Reinwalds – ein vertrauliches Gespräch wie in alten Zeiten.

Den ersten Anlass dazu gab die schwere Erkrankung der Mutter. Noch einmal hatte Christophine der Familie beistehen, zur Schwester Louise nach Cleversulzbach fahren wollen, wo Dorothea ihre letzten Wochen verbrachte; sie litt an einem Unterleibsleiden (Gebärmutterkrebs). Und wiederum, wie schon sechs Jahre vorher, hatte sich Reinwald dem Reiseplan widersetzt. (»Schon der Vorschlag machte ihn halb krank.«) Und die tapfere Mutter, die ihre Tage und Nächte nur unter unendlichen Schmerzen erlitt, hatte der großen Tochter, deren Elend sie wie niemand sonst begriff, mit einem letzten, beinah testamentarischen Wort zugerufen: »kräme Dein Leben u. Gesundheit nicht so ab, es ist sträflich vor Gott, und es mir nichts hülft, mir geth durch aus nichts ab es wird mir Alles gethan (...) auch Dein hier sein l(iebe) Tochter wirde kein Quentle von meinem Leiden vermendern könen.«

Anrührend, wie diese Frau. die nicht richtig Deutsch kann, dem Deutschen zu einer Gedankentiefe, zu einem Doppelsinn verhilft, von denen unsere Schulweisheit sich nichts träumen lässt. Man achte, inmitten unseres heutigen Rechtschreibwahns, darauf, wie großartig die Sprache sich selbst zu Wort meldet, wenn man sie nicht »beherrscht«; wie ein Schreibfehler die ganze traurige Wahrheit enthalten und enthüllen kann: Dieses »kräme Dein Leben nicht so ab« ist der knappste und treffendste Ausdruck für die vielerlei Nöte Christophines. Das Grämen um die Angehörigen und über die eigene Rolle; das Krämersche des Mannes und der Kram einer Haushaltsnot, die jede kleinste Ausgabe zum Drama werden lässt; das Mitleid und das Leiden unterm Geiz, das große Gefühl im Konflikt mit der permanenten Kleinkariertheit; die psychosomatischen Folgen der alltäglichen Beschränktheit haben hier ein bündiges, wenn auch leider nicht erlösendes Wort gefunden: »Kräme Dein Leben u. Gesundheit nicht so ab«. Es ist zugleich der Schlüssel zum Verständnis der Briefe, die Christophine dem Bruder unter dem Siegel der Verschwiegenheit schicken wird.

Das Arrangement eines heimlichen Postweges verstand sich keineswegs als Intrige, sondern entsprang auch dem Bedürfnis der Geschwister, einander wieder näherzukommen. Nach dem Tod der Mutter am 29. April 1802 hatte Schiller an Christophine so herzlich und bewegt geschrieben wie lange nicht: »O liebe Schwester, so sind uns beide liebende Ältern entschlafen, und dieses Band, das uns ans Leben feßelte, ist zerrißen. (...) O lass uns, da wir drei nun allein noch von dem väterlichen Haus übrig sind, uns desto näher aneinander schließen.« Und im gleichen Ton antwortete Christophine in einem Brief, den sie, durch Zufall, hinter Reinwalds Rücken expedieren konnte. Sie begann mit der Anrede »Liebster Bruder!« und mit dem Bekenntnis: »Du bliebst immer unter allen Veränderungen meines Lebens mir gleich theuer wenn ich Dir schon keine thätige Proben davon geben konte; Du mußtest mich oft verkennen weil ich nicht nach meinem Herzen handeln konte und oft meine Neigung unterdrücken mußte. Vielleicht vergönt mir das Schiksal einst noch das Glük näher um Euch zu seyn und das Räzelhafte zu lösen –« Das Rätselhafte ist ihre eigene Erstarrung in der Meininger Klausur. Sie deutet das in diesem Brief nur erst an: »Wenn nur mein Mann mehr Sinn für Freundschaftliche und Gesellige Freuden hätte ich wollte ihm gern seine übrige Eigenheiten übersehen. aber da muß ich mich fast von jeder Gesellschaft zurückziehen, weil er nicht gern dergleichen erwiedert – und das macht gewiß oft bey manchen Menschen die mein Verhältniß nicht kennen (…) einen unfreundlichen Eindruck bey ihnen(.) Du weißt wie unsere lieben Eltern so gastfrey und gefällig waren und wir wurden so erzogen gegen jedermann dienstfertig und gefällig zu seyn, und hier muß ich oft in den unschuldigsten kleinigkeiten meine Neigung unterdrücken oder ohne sein Wißen handeln (…) Ich habe lange nicht mit Dir so vertraulich reden könn(en) weil ich wirklich einfaltig genug war auch das für Unrecht zu halten, ohne sein Wißen an Dich zu schreiben …«

Solche Gelegenheit versuchte Schiller zur gleichen Zeit zu arrangieren. Wenig später besuchte sein Verleger Cotta die Reinwalds, hatte offenbar kurz mit Christophine allein sprechen können und sie nach einer Deckadresse in Meiningen gefragt. Am 9. Juni 1802 ging sie nun in einem Brief an den Bruder ins Detail: »Da will ich Dir nun zwey Wege vorschlagen welchen Du nun wählen magst. Entweder an die Hofpredigerin Pfrangern, welches aber doch nicht ganz verschwiegen bleiben könte oder doch für meinen Mann eben nicht sehr vorteilhaft wäre. (…) Oder wenn Du lieber Bruder Dir die Mühe nehmen woltest und nur gerade den Brief an mich zu adresirn und *um* den in dem Du mir allein etwas sagen woltest einen Umschlag zu machen, an jemand der in der Nähe hier wohnt (…) Dann weiß ich sicher wie es zu verstehen ist, und dann braucht niemand auser uns davon zu wißen.« Der innere Brief wäre dann nur für sie bestimmt, der zweite pro forma für einen Meininger Adressaten, und nur die Hülle an sie als Vermittlerin adressiert. »Wir könen uns so immer wenn es die Umstände erfodern einander mitteilen.«

Immerhin spricht sie in diesem Brief schon die Vermutung aus, dass ihr Mann in letzter Zeit »weit artiger und gefälliger« geworden sei, und als Beweis führt sie an, dass er ihr zum ersten Mal ein ganzes Buch von Briefpapier gegeben habe (»wo ich sonst mit Mühe soviel erlangte daß ich ein paar Brefe schreiben konte«). Sie versucht noch, dem Bruder und gewissermaßen sich selbst den merkwürdigen, fast autistischen Charakter Reinwalds zu erklären; es sei wohl das lange Alleinsein, das ihn so egoistisch gemacht habe; sie selbst könne ihm daher vieles nachsehen, aber ihren Unmut nicht unterdrücken, wenn andere Leute Zeugen seiner Kleinlichkeit würden.

Die geheime Briefbrücke aber funktioniert erst einmal nicht. Noch ehe Schiller auf die Vorschläge mit den doppelten Briefkuverts eingehen konnte, hatte er einen für Christophine bestimmten Brief an die ihm so vertraute einstige Fluchtadresse Bauerbach gesandt, wo er seine Schwägerin Karoline von Wolzogen vermutete. Aber wenige Tage bevor der Brief eintraf, war sie mit ihrem Mann nach Paris gereist; so blieb die dringend erwartete Post auf dem verwaisten Gut bis zum Dezember 1802 liegen. Das heißt: Christophine hatte bis zum Ende des Jahres keinerlei Reaktion ihres Bruders auf ihre Vorschläge. Die aufgestaute Enttäuschung kann sie auch dann nicht unterdrücken, als sich das Missgeschick aufgeklärt hat: »Ich gesteh es Dir daß ich schon lange mit Sehnsucht einer Antwort von Dir (entgegensah) auf jenen Brief wo ich auf Cottas Vorschlag Dir schrib und meine ganze Lage schilderte (und) immer eine Antwort hofte ob Du mich hierüber nicht mit Deinem Rath unterstüzen möchtest was ich Dir wegen der Wittwe-Kaße vortrug.«

Denn auch um Gelddinge sollte es in der geheimen Korrespondenz gehen. Noch einmal erweist sich, gegen die Etymologie, der Doppelsinn des »Kräme dich nicht ...«. Dorothea Schiller hatte bei ihrem Tod ihren Kindern 2807 Gulden und 56 Kreuzer hinterlassen. Christophine erhielt also aus dem Nachlass der Mutter 908 Gulden, 53 Kreuzer, 4 Heller; nach Abzug der Gebühren für die Stadtschreiberei und der Steuer, die beim Transfer des Geldes über die württembergische Grenze zu entrichten war, blieben rund 815 Gulden übrig. Dazu kamen noch ein paar Schmuckstücke wie ein Paar goldene Ohrringe, ein silberner Fingerhut und ein Goldring nebst 300 Granatsteinchen – dies alles auf sieben Gulden und 54 Kreuzer taxiert. Auch wenn Umrechnungen mit Vorsicht zu betrachten sind, kann man von einem respektablen Erbe sprechen. Christophine ließ zwar den Großteil, schon wegen des teuren Transfers, in Württemberg stehen; aber das Gefühl, nun nicht mehr auf Gnade und Geld Reinwalds angewiesen zu sein, gab ihrem Selbstbewusstsein wie ihrer Selbständigkeit einen kräftigen Schub.

Sie verschwieg ihrem Mann gegenüber diese Erbschaft keineswegs, doch war mit ihm über Gelddinge wohl überhaupt nicht zu reden. Schon bei der bloßen Erwähnung einer Witwenkasse, in die sie einzahlen wollte, bekam er Zustände. In dieser Situation hatte sich Christophine an Frau von Wolzogen gewandt, die ihr wohl höchst temperamentvoll geraten haben muss, wie ein Brief an ihre Schwester, Schillers Frau Charlotte, verrät: »Überhaupt wünschte sie, daß man ihr hälfe, daß sie ihre Revenuen ganz in die Hände bekäme, denn wie der Mann es ihr an Allem fehlen läßt und sie mit Geiz plagt, ist schändlich.« Und dann drastisch: »Hoffentlich überlebt sie ihn lang, und dann hat sie doch nichts als sein Vermächtniß, was eine Kleinigkeit ist. Wenn sie nur 200 Reichsthaler in die Wittwenkasse legt, so bekommt sie dann lebenslang eine Revenue, wovon sie leben kann.«

Was die Geheimpost aber vor allem interessant macht, sind nicht die Gelddinge, nicht die Szenen einer Ehe; es ist die Selbstbefragung, der Christophine (unter den lesenden Augen des Bruders) sich auszusetzen wagt. Sie versucht, die Veränderungen zu erkunden, die mit ihr geschehen sind, die Verkümmerungen, die sie erlitten hat. Mit dem Geld, das ihr zusteht, kann sie zum ersten Mal über die Ehe hinausdenken, und Schiller hat sie ermuntert, sich ein Leben im Kreis oder in der Nähe seiner Familie vorzustellen. Und mit solcher Aussicht schaut sie gleichsam in den Spiegel: »Ob ich auch wohl im Stand bin Deinen Erwartungen Genüge zu leisten (…) Du glaubst nicht wie Muthlos und unzufrieden ich mit mir bin wenn ich mich von gewissen Seiten betrachte. ich glaube gar nicht daß ich für die größere Welt mich je werde schiken lernen denn alle Augenblik indeke ich eine Alberne Blödigkeit und Einfalt an mir(,) die natürlich andern noch mehr auffallen muß und in meinen Jahren den andern so wiedersprechend und eigen vorkommen muß; ich glaube, daß dieß eine Folge meiner Lage ist, wenn man zu vil sich zurük ziehen muß wie ich es aus bekannten Ursachen thun mußte – so macht das bei lebhaften Temperamenten diese Wirkung.« Und sie fragt sich, wie weit solche Deformation wohl schon fortgeschritten sei: »Ob sich aber das in einer andren Lage wieder verliehren wird getraue ich mir nicht zu versprechen. Es gehört mehr Seelengröße dazu sich ins Glük als ins Unglük zu schiken.«

Aber sie weiß, dass der Bruder ihr ja dieses Unglück hat ersparen wollen, und sie verspürt den Rechtfertigungsdruck, ihm ihre Entscheidung von einst noch einmal zu erklären; sie schildert ihm die damalige Situation auf der Solitude: »Unsere Männer dort waren fast alle die ich kenen lernte nur für Reichthum oder für sinnliche Vorzüge denen ich nie hätte Genüge leisten können – ich wünschte Liebe. nicht Sinnlichkeit und ich bin über diesen Punkt vielleicht von vielen die mich zu kennen glaubten sehr falsch beurtheilt worden …«

Ein Bekenntnis, dem man ein wenig zwischen die Zeilen sehen möchte. Liebe, nicht Sinnlichkeit, das scheint deutlich genug, zumal wenn man spätere Äußerungen hinzunimmt, in denen sie gern betont, dass die Männer doch alle nur für die Sinnlichkeit zu haben seien. Aber wieso konnte sie bei solcher Entschiedenheit von so vielen falsch beurteilt werden? Hatte sie vielleicht doch Spaß an der Koketterie gehabt? Wirkte sie, in ihren Zwanzigern, verführerischer, als ihr zumute war? Spürte man ihr die Sehnsucht nach einem Mann hinter der gescheiten Keckheit an? Hat sie mit den Offizieren auf der Solitude doch ganz gern geflirtet und vielleicht nicht nur mit dem Obristen Müller? Und gehörte etwa auch der Bruder zu den »vielen«, die sie sehr falsch beurteilt hatten, damals? Und als spürte sie solche Fragen, wiederholt sie nun: »Meine Begriffe von Liebe waren wohl zu idealisch als daß sie je realisirt werden konten; ich sehe das jezt ein und ich muß zufrieden sein, wenn ich getheilt das finde was ich in *einem* Herzen zu finden und wieder geben zu könen hofte. Die reine Liebe der theuren Meinigen soll mir ein Ersaz für diese seyn.«

Mit diesem Brief von Anfang 1803 erhält die Geheimkorrespondenz ein neues Fundament; die resolute Frau von Wolzogen hat eine Nachbarin Christophines, eine Frau von Marschall, zur Mittlerin bestimmt; diese fühlt sich, dank dem Schiller'schen Ruhm, sogar geehrt und schreibt dem Dichter: »Wollen Sie ferner fortfahren; mir die Briefe an dieselbe zuzuschicken; so werde ich sie mit größter Bereitwilligkeit und Eile, an ihr abgeben.« Dieses Arrangement erweist sich als zuverlässig, mit Einschüben komischer Szenen. Da ist, im Januar 1804, ein Brief von Schiller an beide Reinwalds angekommen, als Frau von Marschall einen Boten schickt mit dringender Bitte an Christophine: »ich möchte doch gleich zu ihr kommen, sie hätte ein Unglük gehabt, wo sie meine Hülfe nöthig hätte; ich eilte also so geschwind ich konnte zu ihr; aber wie groß war mein Erstaunen, als sie mir das Päckchen von Dir übergab!! – Wir umarmten uns wechselseitig vor Freude über dieses Geschenk …« Es war eine Neujahrsgabe von fünf Dukaten; auch Geld also konnte unter der Hand geschickt werden.

Als die Geheimverbindung endlich hergestellt ist, als Christophine sicher sein kann, dass der Bruder ihre Post nicht nur erhält, sondern auch offen darauf eingehen kann, geht der Vorhang über dem Drama am Meininger Markt ganz auf. Sie legt dem Bruder in dem bereits zitierten Brief das Dilemma dar, unter dem sie seit anderthalb Jahrzehnten gelitten hat. Sie habe rasch eingesehen, einen falschen Schritt getan zu haben, dann aber den Schein wahren wollen (»sonst hätten wir uns im ersten Jahr wieder getrent«). Nun wolle sie ihre Situation ertragen, bis es das Schicksal ändere. »Aber den Ton habe ich gleich nach der *seligen* Mutter Tot zu ändern angefangen.«

Und dann beschreibt sie eine der wohl entscheidenden Szenen ihrer Ehe, in der sie, offenbar dauerhaft, die Machtverhältnisse neu justieren konnte: »Ich habe ihm schon längst gesagt daß ich im Fall er mich so unbillig behandeln würde einen Zufluchtsort bey Dir finden würde, worauf er mir antwortete es würde mir keine Ehre machen wenn ich ihn verliese, darauf sagt ich ihm, daß mich in einem solchen Fall die äusere Ehre nicht zurük halten würde(;) nur aus Mitleid für ihn weil er meiner Pflege bedürfe und verlaßen wäre, würde ichs nicht thun, aber aus keinem andern Grunde.– Dieß machte einen entsezlichen Eindruck auf ihn und die Thränen stunden ihm in den Augen. Und ich habe bey dieser Gelegenheit gesehen daß ihn meine Trenung von ihm so angreifen würde, daß er sterben könte, und seinen frühern Tod auf mein Gewissen zu laden bin ich nicht stark genug …«

Das Geld der Mutter (oder wenigstens das Bewusstsein dieses finanziellen Rückhalts) wertet ihr Selbstgefühl auf, ändert aber kaum etwas an der gesellschaftlichen Isolierung. Der Mann bleibt ein ungastlicher Stoffel: »aber einen freundlichen Empfang, eine liebreiche Aufnahme für die Besuche kann ich nie erlangen – Immer müßen sie ihm anmerken daß sie ihm lästig sind daß sie ihn stören – auch weil unser enges Logis uns in *ein* Wohnzimmer einschränkt.«

Zu den Menschen, mit denen Christophine in jener Zeit gern näheren Umgang gehabt hätte, gehörte auch eine »Madam Richter«, eine junge Frau, die aus Berlin stammte und mit ihrem Mann gleich nach der Hochzeit nach Meiningen gezogen war und bald das erste Kind erwartete. Dieses Paar wohnte ebenfalls am Markt, und Christophine scheint der Schwangeren immer wieder über den Weg gelaufen zu sein mit Unbehagen darüber, sie nicht in ihre Wohnung bitten zu können. Denn im Oktober 1802 schreibt sie an ihre Schwägerin Lotte nach Weimar: »Die Richtern hat ein niedliches Mädchen; sie ist recht wohl und ein so seelengutes Weibchen, deren Gesellschaft ich oft aufsuchen würde, wenn nicht andere Ursachen, die Du vielleicht errathen kannst, mir überhaupt viel Besuch zu unterhalten versagten.« Dass der Mann dieser jungen Frau einer der meistgelesenen Schriftsteller seiner Zeit war, der berühmte Jean Paul, der in Meiningen an seinem monumentalen »Titan« schrieb, davon steht bei ihr nichts. Aber weder der Bruder noch Goethe hatten viel Notiz von diesem Autor genommen, als er wenige Jahre zuvor in Weimar hatte Fuß fassen wollen.

Ganz wohl ist der Schwester bei ihrer heimlichen Briefschreiberei nicht, und auch der Bruder hat Bedenken, die sie nur halb zerstreuen kann: »wegen dieser Briefe sey außer Sorgen ich habe sie so verwahrt daß sie nie entdeckt werden können. Wenn nur Frau von Marschall es niemand sagt daß ers wieder erfährt. Sie ist eine gute Frau und hat viel Freundschaft für mich; aber Verschwiegenheit liegt nicht ganz in ihr, ich habe sie gebeten es niemand zu sagen ...« Allzu viele Gelegenheiten zu ihren Briefen hat Christophine übrigens nicht; es sind meist die »Bibliothekstage«, also jene Zeiten, da Reinwald nicht zu Hause an seinen eigenen Studien sitzt, sondern in der Herzoglichen Bibliothek Dienst tut, was offenbar höchst unregelmäßig geschah. Überdies hatte sich Christophine angewöhnt, an solchen Tagen dann doch Besuche zu empfangen.

Ihre Briefe sind nicht nur ein Gedanken-, sondern auch ein Gefühlsaustausch. Einmal sind Christophine und Friedrich zur selben Zeit krank. Sie klagt über Krämpfe und Gliederschmerzen, die wohl von nervösen Störungen herrühren, und fühlt sich gerade dadurch dem Bruder nahe, der in jenen Tagen über Hüft- und Schenkelbeschwerden klagt. »Sage mir doch ja bald liebster Bruder ob Du wieder hergestellt bist! Wenn ich die Nächte so schlaflos da liege so kome ich in die traurige Gedanken daß Du sie vielleicht eben so zubringen köntest, und das spinnt sich so ins weite hinaus daß vollens aller Schlaf verschwindet.« Man spürt den Versuch, die alte Vertrautheit mit dem Bruder noch einmal zu beschwören, ja zu einer Leidensgemeinschaft zu vertiefen.

Zuletzt hatte sie ihn vor vier Jahren gesehen, im Juni 1799, als sie mit ihrem Mann, nach einer Reihe anderer Verwandtschaftsbesuche, für ein paar Tage in Jena zu Gast war. Wie unlustig Schiller diesem Besuch entgegensah, hat er ziemlich unverblümt Goethe mitgeteilt: »Gegen meinen Fleiß verschwört sich diesen Sommer vieles. Ich erwarte in etwa 8 Tagen meine Schwester mit meinem Schwager, dem Bibliothekar Reinwald, aus Meiningen hier; meiner Schwester gönne ich diese Zerstreuung gern, aber mit dem Schwager weiß ich nichts anzufangen, der wird mir wohl 6 Tage wie ein Klotz angebunden sein.«

Und als die Gäste dann im Haus sind, klagt er hinter ihrem Rücken: »Ich fürchte, daß Sie es diesen paar Zeilen ansehen werden, wie penible es mir jetzt geht. Mein Schwager ist hier mit meiner Schwester, er ist ein fleißiger, nicht ganz ungeschickter Philister, sechzig Jahre alt, aus einem kleinstädtischen Ort, durch Verhältnisse gedrückt und beschränkt, durch hypochondrische Kränklichkeit noch mehr daniedergebeugt. (...) Sie können denken, wie wenig Konversationspunkte es da zwischen uns gibt und wie übel mir bei den wenigen zu Mute sein mag. (...) Übrigens raubt mir dieser Aufenthalt, der bis auf den Sonntag dauert, einen großen Teil meiner Zeit und alle gute Stimmung für den Überrest, ich muß diese Woche rein ausstreichen aus dem Leben.«

Natürlich hat Christophine solche Zeilen nicht zu lesen, wohl aber die Stimmung zu spüren bekommen, und als für den Sommer 1803 Reinwald eine ähnliche Rundreise plante, wiederum mit Aufenthalt bei den nun in Weimar lebenden Schillers, versuchte sie offenbar, das unerquickliche Vorhaben zu sabotieren. Jedenfalls schrieb Reinwald Ende August an seinen Schwager: »Aus unserer Reise nach Thüringen ist diesen Sommer nichts worden, weil um die Zeit, da man Anstalten dazu machen sollte, meine Frau krank war. (...) Wir hoffen aber Euch noch diesen Sommer oder Herbst hier zu sehen.« Auch daraus wurde nichts.

Doch noch einmal gibt es ein Wiedersehen; noch einmal reisen die Reinwalds zu Schillers, diesmal ins neue Haus nach Weimar; unglücklicher hätte der Termin nicht sein können. Denn als das Ehepaar am 4. Juni 1804 bei Schiller anrückte, war er gerade erst von seiner ebenso triumphalen wie strapaziösen Reise nach Berlin zurückgekehrt und völlig erschöpft. Aber die geradezu erdrückende Vorfreude Christophines hatte eine Absage kaum möglich gemacht: »Wie unbeschreiblich freue ich mich Dich und die liebe Frau Schwägerin wieder zu sehen! und die guten Kinder die gewiß sehr groß geworden sind – Wen(n) wir nur die liebe Louise auch mitnehmen könten. Damit wir uns noch recht miteinander freuen könten? ich umarme Dich Tausendmal. C.«

Immer stärker wünscht sich die Schwester im folgenden Jahr nach Weimar zur Familie des Bruders, als ahne sie, dass er nicht mehr lange zu leben hätte. Aus ihren Briefen spricht eine seltsame Beschwörung von Nähe und Zusammenhalt, man hat den Eindruck, als würde sie am liebsten jeden Tag in die nächste Kutsche steigen, um im Weimarer Haushalt nach dem Rechten zu sehen. So auch in ihrem Brief vom 30. März 1805, in dem sie auf die Krankheiten der Familie eingeht: »Ach wie gern möchte ich unter solchen Umständen Euch Lieben pflegen könen, und machte nur nicht die weite Entfernung und das Kostspilige einer Reise so viele Bedenklichkeiten ich wolte es doch bey meinem Mann durchsezen ...« Schon in einem Brief ein paar Wochen zuvor hatte sie, nach eigener Bettlägerigkeit, den Weimaranern Mut zu machen versucht: »Man sollte eigentlich manchmal krank werden, um nur einen Tag wieder das erneuerte Glück der Gesundheit zu fühlen; denn das ist etwas ganz eigenes.« Und dann griff sie gewaltig aus: »Wenn ich ein Mann wäre, ich hätte an dem Tag vielleicht eine große That gethan, so stark fühlt' ich mich; schade ist's nur, daß das nicht fort währt, oder daß man nicht ein Mittel weiß, diese Seelenstimmung zu erhalten.«

Sie witterte Unheil; nie zuvor hatte sie ihre Familiensehnsucht so leidenschaftlich geäußert: »Wenn wir nur nicht alle so auseinander zerstreut wären und uns gegenseitig mehr Hülfe leisten könnten!« Sie schüttelte den Kopf über manche Meininger Familien, die mit Kindern und Enkeln, ja auch Urenkeln alle am Ort wohnten und sich dennoch nur ganz selten einmal besuchten, und wagte sich an Regional-Psychologie: »die Menschen haben in hiesigen Gegenden doch gewiß etwas viel kälteres und gleichgültigeres. Ich glaube, die Lebensart und das Klima mag wohl Schuld sein. Die Weinländer sind doch viel jovialischer und die Bierländer schwerfällig. Ob ich schon kein Bier trinke, bin ich doch noch weit phlegmatischer als ehemals.«

Das Bedürfnis nach Nähe zum Bruder, nach Gesprächen, nach Teilhabe an seinen intellektuellen Abenteuern erfüllte sie sich damals auch auf andere Art, durch intensive Lektüre seines Werks. Man hat ihre Art der Rezeption wohl nicht zu Unrecht »ganz in der Tradition der Empfindsamkeit« (Edda Ziegler) gesehen, aber damit doch nicht ganz die Passion ausgeschöpft, mit der sie sich erneut in die Dramen des Bruders vertiefte. Besonders in der »Jungfrau von Orleans« schien sie einen Anflug, die Aura eigenen Schicksals gespürt zu haben. Und sie wurde dabei ganz hellsichtig, griff Gedanken auf, die der Bruder zwanzig Jahre vorher (ausgerechnet in einem Brief an Reinwald!) entwickelt hatte, wenn sie die Anstrengungen des dramatischen Dichters bedenkt: »denn ich glaube ganz gewiß daß Dein öfteres Krankseyn nur Folge davon ist und mir ist bang wenn ich wieder etwas Neues von Dir lese, denn unmöglich läßt sich so etwas schreiben ohne sich ganz in die Lagen der Personen hinein zu denken die man handeln läßt und das zehrt die Kräfte auf.« Es war mehr als Einfühlung, mehr als empfindsame Sympathie mit der Figur der Jeanne d'Arc, wenn sie dann fortfuhr: »je mehr ich das Schöne fühle desto mehr greift es mich an, und Deine Jungfrau hat mir manche schlaflose Nacht gekostet denn ich konte diese Bilder nicht aus meiner Seele bringen(;) sie gingen fast in Handlung über so daß ich oft des Morgens ganz abgemattet als wenn ich die Johanna selbst vorgestellt hätte, aufstund(;) dennoch trieb es mich unwiederstehlich das Buch wieder zu nehmen bis ich jedes Wort und jeden Sinn faßte ...«

Wenige Wochen nach diesen Briefen stirbt Friedrich Schiller, am 9. Mai 1805. Die Schwester erfährt es zuerst aus Meininger Hofkreisen, ehe ein Brief von Lottes Schwager, Wilhelm von Wolzogen, die Reinwalds vom Todesfall in Kenntnis setzt. Christophine nimmt es zunächst gefasst auf, dann aber überkommt sie eine heftige Erschütterung, und sie wird immer wieder aufgewühlt von den vielen Beileidsbesuchen, die die eigenen Bekannten und Verehrer Schillers bei ihr machen. Gut einen Monat braucht sie, ehe sie der Witwe, ihrer Schwägerin, am 15. Juni mit der Entschuldigung antwortet: »ich war es nicht eher fähig«. Und dann schreibt sie Sätze, die gleichsam Schlüssel sind für ihr Verhältnis zum Bruder: »Ach, meine Theure, ich drücke dich an mein Herz, als das einzige Liebe, was mir der Geliebte auf dieser Welt noch zurückließ; denn alle übrigen Bande, womit mich die Natur zärtlich an's Leben knüpfte, sind nun aufgelöst. Ich habe Augenblicke, wo ich nicht mehr hier leben mag; es zieht mich hinüber in's bessere Leben, und nur die Pflicht gebietet mir, noch hier zu leben ...«

Auch wenn man das Wort »der Geliebte« nicht mit der erotischen Wucht heutigen Gebrauchs befrachtet, so ist die Stelle doch von einer Leidenschaft, die eher auf den Brief einer unglücklichen Braut, einer verzweifelten Verlassenen deutet; Indiz für die Intensität und Intimität ihrer Empfindungen für den Bruder, für ihre symbiotische und latent erotische Bindung, für den Nachhall des Satzes, den sie vom jungen Friedrich gehört haben will: »Ich werde nicht heiraten, du sollst bei mir leben.«

Nach etlichen Monaten wird ihr Talent mit ihrer Trauer wetteifern. Sie liest »Die Huldigung der Künste« und will dem Bruder als dilettierende Künstlerin huldigen. Lotte hat ihr ein Porträt Schillers geschickt, und das Bild ist eine Art Herausforderung: »Das Bild vom lieben Bruder werde ich als ein Heiligthum bewahren; es sieht so leidend aus, als wenn er damals schon krank gewesen wäre; aber er war doch schöner, Liebe, als er auf allen Bildern erscheint.« Drei Porträts hat sie damit in ihrer Wohnung versammelt, darunter auch das von Klinger (»er hat ein schönes, ruhiges Gesicht«), aber keins stellt sie zufrieden, so dass sie mit dem Gedanken spielt, »das, was mir das ähnlichste däucht, zusammen zu suchen und mit meiner Idee zu verbinden«, also ein eigenes zu schaffen. Aber, so fällt ihr ein, hat sie das nicht schon oft versucht, und vergeblich? »Ich will auch den Unmuth über mich selbst unterdrücken, daß ich nie so glücklich war, ihn selbst treffen zu können, welches mir so oft heimlich traurige Stunden gemacht hat. Als ich das letztemal bei Euch Lieben war, wollte mir nichts gelingen.«

Sie schreibt das am 1. Februar 1806, zu Beginn eines Jahres, das von der Weltgeschichte bestimmt wird, vom kriegerischen Triumphzug Napoleons durch Europa. In Meiningen wird zwar nicht, wie bald darauf in Jena und Auerstädt, gekämpft, aber die Stadt dennoch in Mitleidenschaft gezogen; und Christophine klagt der Schwägerin Charlotte: »Es ist unbegreiflich, welche Dinge in der politischen Welt jetzt vorkommen, und oft möchte ich fragen: ist es wirklich, oder spielen wir? Wie oft gab es Augenblicke, wo ich hätte ausrufen mögen: Selig sind die, die unter der Erde schlafen!« Und sie denkt dabei an den Bruder, aber auch an die schaurigen Erfahrungen, die sie im Katastrophensommer 1796 auf der Solitude machen musste: »Wie manche kummervolle Stunde hätten diese Kriegszurüstungen dem friedliebenden Herzen unseres Theuren gemacht! Er hatte in seinem ganzen Leben nie nichts dergleichen erfahren. Damals, als ich im Vaterlande war, 96, war es in hiesiger Gegend ganz ruhig. Ihn, der die Menschen immer gern höher hinauf gezogen hat, mußten solche Ereignisse, die sie herabziehen, doppelt angreifen, und die Großen der Erde sehr kleinlich machen, die aus Ehrgeiz so vieler Menschen Glück zertrümmern.«

Napoleons Triumph und Niederlage rahmt ein knappes Jahrzehnt. Als Ende 1813 die französische Restarmee geschlagen und zerlumpt die Gegend passiert hat, die nachrückenden Truppen die Einwohner mit Einquartierungen bedrücken, hat sie Mühe, ihren

Zorn unter die Frömmigkeit zu beugen. Wiederum an Charlotte: »… alle diese unangenehmen Ereignisse (…) haben mich diese ganze Zeit her sehr niedergeschlagen, ob ich gleich von der andern Seite die Gnade der Vorsehung nicht verkenne (…) Dies alles rufe ich mir oft zum Trost vor, wenn mich die Weltengröße und das Abscheuliche, das ein einziger zu thun wagt, mit dem heftigsten Abscheu für ihn und seine Kreaturen, deren es auch hier noch giebt, erfüllt. Unbegreiflich sind uns bei den jetzigen Ereignissen die Wege der Vorsehung – und doch muß es wohl so sein; denn Gott ist doch noch Vater seiner Menschen und wird es endlich wieder zum Besten wenden.«

8. Wendepunkt
Abschied von Reinwald

Zehn Jahre nach Friedrich Schillers Tod, am 6. August 1815 stirbt Wilhelm Friedrich Hermann Reinwald nach kurzer Krankheit im Alter von 78 Jahren. Christophine setzt ihre Schwägerin Charlotte mit moderaten Worten in Kenntnis: »Die immer zunehmende Schwäche meines Mannes, wovon ich Dir in meinem letzten Brief meldete, hat die gütige Vorsehung in einen sanften Tod aufgelöst.« Sanft wie sein Tod ist nun auch ihre Trauer; es ist ein Abschied ohne Schmerz und Tränen, aber voll wehmütigen Respekts: »Ich verliere an ihm einen treuen Gatten, der seiner körperlichen Leiden unerachtet, mir doch so manche frohe Stunde durch seinen gebildeten Geist und seine vielen Kenntnisse machte, die er bis an's Ende seines Lebens noch zu vermehren suchte.«

An dieser Stelle muss auch in diesem Buch ein Wort für den Gelehrten Reinwald eingelegt werden, denn er war wirklich ein »gebildeter Geist«, dem entscheidende Studien auf dem Gebiet der Sprachwissenschaft und erste Erfolge bei der Erschließung altgermanischer Texte zu verdanken sind. Nicht zufällig widmet ihm die Allgemeine Deutsche Biographie viele anerkennende Seiten; er gehört zu den Herausgebern von »Ulfilas Gothischer Bibelübersetzung« (Leipzig 1805), die einem Bischof des 4. Jahrhunderts zugeschrieben wird und eines der frühesten christlichen Missionszeugnisse im Zuge der Völkerwanderung ist. Und er hat sich über Jahrzehnte mit dem »Heliand« beschäftigt, einer aus dem 9. Jahrhundert, der Zeit Ludwigs des Frommen, stammenden Evangelienharmonie; so nennt man Erzählungen vom Leben Jesu, die Begebenheiten aus den Evangelien zusammenfassen. Zu diesem Zweck musste sich Reinwald ins damals noch weitgehend unerforschte Altsächsisch vertiefen.

Wie sehr er damit Neuland betrat, ja selbst erst betretbar machte, hatte er früher einmal dem Schwager Schiller erläutert. Er sprach von einer in Bamberg liegenden Handschrift, »die ich mit Hülfe des Hickschen Thesaurus, meiner Angelsächsischen und Allemannischen Sprachkenntnisse endlich habe verstehen lernen (...) Ich habe nun diesen Dialekt mehrere Jahre hindurch mit Liebe u. zugleich großer Anstrengung studiert; ich bin nun alt, und nach meinem Tode möchte nicht so leicht wieder der Fall kommen, daß ein deutscher Sprachforscher auf diese Liebhaberey verfiele u. mit dem sonderbaren, schweren, jedoch sehr schönen Idiom gedachter (...) Evang. Harmonie so vertraut würde, um sie, wie ich, bis auf wenige Ausdrücke ganz zu verstehen. Der Codex modert in Engelland, die Zeit ätzt die Blätter u. bleicht die Schrift, er dient den Britten zu nichts, als zum todten Kabinetsstück, und uns Deutschen könnte er für unsere alte Sprache so viel nützen! Wie könnte man wohl eine Abschrift (...) davon erhalten?«

Aber Reinwald hatte auch Talent zu dramatischer Schilderung geschichtlicher Begebenheiten. So druckte Schiller im 5. Band der Horen seine Darstellung des Guy-Fawkes-Attentats auf das britische Parlament im Jahr 1605 unter dem Titel »Die Pulver-Verschwörung in England« ab, berichtete vom »vielen Beifall« und dass selbst Goethe »recht wohl zufrieden damit« gewesen sei. Auch wenn gerade diese Publikation – sie fiel in den Katastrophensommer 1796, als sich Reinwald allein gelassen vorkam – mehr als Sedativ gedacht war, so liest sie sich nicht nur spannend, sondern mit ihren einleitenden ideologiekritischen Sätzen geradezu aktuell. Zum Schreckenspotential der Geschichte zählt Reinwald nämlich nicht nur Eigennutz, Herrschsucht, Rebellion, sondern auch »die Begierde, die Welt glücklicher zu machen«. Solcher messianische Geist »konnte sich zwar die Schrecknisse nicht verhehlen, die er schuf; aber er erlaubte sich Böses zu wirken, damit Gutes herauskomme. (...) Aber was ist böse? was ist gut? Wie verhält sich das jetzige Böse gegen das künftige Gute?« Er hat den Fundamentalismus seiner Zeit im Visier: »Wir kennen eine mächtige, unbiegsame, und auf ihre Herrschaft eifersüchtige Religionsparthey, die den Satz sich nicht nehmen läßt: religiöse Wahrheit und ewige Glückseligkeit sey nur bey ihr. (…) Ihr ist Unduldsamkeit gegen anders denkende Gottesverehrer Tugendeifer; ein Irrthum, dessen Ansteckung nur wenige ihrer Edlen verschont, und den zu bekämpfen noch wenigere wagen.« Er hat die radikalen Weltverbesserer jeglicher Couleur gemeint und damit zugleich eine Zukunftswarnung für unsere Tage abgegeben.

Reinwald hatte zuletzt noch für Christophine vorzusorgen versucht und ihr, weitgehend auf Kredit, für 1000 Gulden ein kleines Häuschen gekauft. Das bekam sie allerdings erst nach seinem Tode zu sehen, weil sie ihn in seiner letzten Krankheit nicht einmal zu einer kurzen Inspektion allein lassen wollte. Das neue Quartier aber kam dann wie gerufen, weil der Hauswirt, bei dem das Paar fast dreißig Jahre lang gewohnt hatte, plötzlich und reichlich rabiat auf raschen Auszug drängte. Auch diese Umsicht hält sie ihrem Mann zugute: »Das alles muß mein lieber Mann geahnet haben; daher bestund er so fest auf einem kleinen Eigenthum, damit ich der Unhöflichkeit dieser Menschenclasse nicht mehr ausgesetzt wäre. Seit den Einquartierungen sind die Häuserbesitzer hier fast alle im höchsten Grade unhöflich und theuer; für dieses kleine Logis mußten wir doch 50 Gulden jährlich bezahlen, und es war nichts, als die leidliche Aussicht auf den Markt und die Furcht vor dem Ausziehen, die uns so lange da erhält.«

Schon in den letzten Lebenswochen Reinwalds hatte sich eine weitere Veränderung ergeben, die für Christophine nun zugleich Hilfe und Verpflichtung werden sollte. Das Paar hatte die Tochter Therese eines kurz vorher gestorbenen Bruders von Reinwald aus Berka bei Weimar bei sich aufgenommen, eine vierzehnjährige Waise, die nun für einige Jahre bei Christophine leben wird. Und da sie mit jungen Mädchen (etwa beim Zeichenunterricht) gut umgehen kann, ist sie auch von diesem Zuwachs beglückt: »Dieses Mädchen ist mir zu meinen häuslichen Geschäften sehr nützlich; ich kann mich viel mehr auf sie als auf eine fremde Person verlassen;

auch hat sie etwas gutes und sanftes in ihrer Gemüthsart, das mir wohl thut (...) sie hängt mit kindlicher Liebe an mir, pflegt mich, wie ihre Mutter.« Dass sie selber Muttergefühle empfände, schreibt sie freilich nicht. Doch nimmt sie auch in diesem Fall das Zusammentreffen als Wink des Schicksals: »Wie sonderbar, daß dieses Mädchen noch vor meines Mannes Tod mußte aufgenommen werden! Nachher hätte ich es nicht gewagt, da ich noch nicht wußte, wie sie sich betragen würde. Gott hat alles so gelenkt! Ich erkenne in allen diesen Vorfällen seine Führung, und ich darf mit Ruhe in die Zukunft blicken, weil ich ihm vertraue.«

Und noch etwas hatte ihr Reinwald hinterlassen, eine Art ideeller Erbschaft, die aber in der damaligen Standesgesellschaft von lebenspraktischer Bedeutung sein konnte: einen Titel. 1805 war Reinwald zum Hofrat ernannt worden, und die Ehrung galt wie selbstverständlich im alltäglichen Umgang auch für seine Frau.

Als Frau Hofrätin Reinwald konnte nun Christophine durch ihr ferneres Leben gehen und war damit von einer kleinen Aura des Respekts umgeben, von einer sacht schützenden Abgehobenheit. Und um ein Geringes war sie auch der Distinktion der Weimarer Schiller-Familie nähergerückt, die sich seit 1802 »von« schreiben durfte. Damals war der Revoluzzer von einst, der die »Rettung von Tirannenketten«, den »Männerstolz vor Fürstenthronen« besungen hatte, vom Kaiser in den Adelsstand erhoben worden. Die anstößigen Zeilen, ja die zwei ganzen letzten Strophen seines Liedes »An die Freude« hatte er im folgenden Jahr für die Volksausgabe seiner Gedichte getilgt.

Die sperrigste Hinterlassenschaft Reinwalds war eben die eines Gelehrten: seine Bibliothek. Sie zu veräußern, ja überhaupt erst einmal unterzubringen wurde im Jahr nach seinem Tod zu einer zeitraubenden, zunehmend ärgerlichen Angelegenheit. Zunächst weigerte sich der alte Wirt, sie wenigstens vorübergehend in dem kleinen Winkel seines Hauses, wo sie sich befand, zu belassen. Dann, als Christophine den Büchern dank der Hilfe einer Freundin ein Lager verschafft hatte, musste sie erkennen, dass ihr die von

Reinwald zusammengetragene Spezialliteratur nicht eben aus der Hand gerissen werden würde. Noch ein knappes Jahr nach Reinwalds Tod schlug sie sich mit dem Problem herum; auch Schwägerin Lotte in Weimar hatte sie um Hilfe gebeten und tat es nun erneut: »… ob es vielleicht anginge, die ganze Bibliothek an einen Antiquar zu verkaufen; damit fiele die Ausgabe, für den Katalog zu drucken, weg. Oder ob wenigstens die Sprachbücher nicht könnten verkauft werden? Die übrigen könnte ich vielleicht hier verauktionieren lassen (…) Hier müßte ich für den Katalog zu drucken (mit 200 Exemplaren) 10 Gulden geben. Es wird freilich hier nicht viel herauskommen, da zu wenig Liebe für Literatur hier ist; das meiste würde wohl auf die auswärts verschickten Kataloge zu hoffen sein.« Die Bibliothek wurde zunehmend zur Fessel, die sie an einer seit langem geplanten Reise nach Württemberg hinderte; vielleicht aber auch zum Vorwand, den eigentlich ersehnten Aufbruch immer wieder zu verschieben.

Denn es waren nicht nur die Bücher, die sie immer noch an Meiningen banden. Es war auch die Macht der Gewohnheit, die Behaglichkeit der kleinen Stadt und wohl auch die Geruhsamkeit, zu der ihr Mann sie jahrzehntelang verurteilt hatte. Sie rebellierte innerlich gegen das eigene Ruhebedürfnis, aber sie brauchte einen Anstoß, einen Menschen, der ihr auf die Sprünge half. Da war es die Schwester Charlottes, die temperamentvolle Karoline von Wolzogen, die ihr Mut machte zu einem neuen Anfang, zu einem anderen Leben. »Ich fühle, daß die Anwesenheit Deiner Frau Schwester einen sehr großen Einfluß auf mein Gemüth hat; so jemand, wie sie, bedurfte mein Herz, das in so manchen Weltverhältnissen immer ein Kind bleiben, aber von ihrer Klugheit und Welterfahrenheit unterstützt, vielleicht auch noch einmal sich in die Welt schicken lernen wird. Diese Sprache klingt freilich sehr sonderbar für eine Frau von 59 Jahren, und doch ist sie wahr. Eigentlich möchte ich mich von so manchen lästigen Verhältnissen losmachen können, und doch geht es nicht ganz, weil man doch diese Menschen auch wieder braucht und nicht allein alles bewirken kann;

besonders brauche ich jetzt oft als Witwe Rath. Meine Reise nach dem Vaterlande wird etwas für diese Absicht beitragen; ich kann dann, wenn ich wiederkomme, eine andre Einrichtung machen.«

Endlich, im Dezember 1816, macht sie sich mit der jungen Therese auf den Weg in ihre Heimat. Die Last der Bücher ist sie zu guter Letzt in einer Auktion losgeworden; den Ballast der jahrzehntelangen Unselbständigkeit kann sie nicht so leicht abschütteln. Immerhin hat sie, als sie in der Kutsche sitzt, den größten Schritt getan, den ein englisches Sprichwort rühmt: den Schritt aus der Türe.

Das kleine Häuschen ließ Christophine in der Obhut Meininger Freunde zurück mit der Bitte, es für sie zu veräußern. Es war, so gut es Reinwald gemeint hatte, doch das letzte Monument einer Enge, der zu entkommen sie nun entschlossen war.

Die Abreise bietet zugleich Anlass, den Gelegenheitspoeten Reinwald noch einmal ins Spiel zu bringen. Er, dem es zeit seines Lebens vor dem Reisen grauste, hatte schon früh seine Schrulle mit einer Ode über die Gefahren der Kutschenfahrt gerechtfertigt. Nach seinem Tod liest man diese Verse wie einen Abschiedsgruß an Christophine und ihre Pflegetochter auf dem Weg nach Württemberg.

> So fahr' in aller guten Götter Namen,
> O Kutsche, hin und bleibe ganz,
> Und bring an ihren Ort zwei* liebenswerthe Damen,
> Die Zierden unsers Unterlands!
>
> Ein Löwenherz schlug der von unsern Müttern,
> Die sich zu allererst gewagt
> Zu reisen, ohne Furcht vor Regen und Gewittern,
> Vorm Fels, der übern Hohlweg ragt;

* Im Original: »vier«

Und wenn der Wagen an des Berges Rücken
Hinschwebet und sich abwärts neigt,
Auf schmalem Rande, wo vor schwindeltrunknen Blicken
Der Abgrund seinen Rachen zeigt.

Was unternimmt, dem Wechsel zu Gefallen,
Der Mensch! ihm ekelt süße Ruh;
Er trotzt zu Land und Meer der Fährlichkeiten allen
Und rennet dem Verderben zu.

Und seit dich, Neuheits-Schöpfer, Geist der Mode!
Die Abendländer herrschen sahn,
Sind hundert Pforten mehr der Krankheit und dem Tode
Und unserm Frevel aufgethan.

Verändrung will's! – Selbst Wahrheit front dem Witze,
Und beide sind ihr unterthan.-
Läßt unser Unsinn zu, daß seine Rächer-Blitze
Zeus aus den Händen legen kann?

9. Sehnsucht nach dem Vaterland
Fünf Jahre hin und her

Ende 1816 machte sich Christophine, in Begleitung der Pflegetochter Therese Reinwald, auf den Weg nach Württemberg, ins
»Vaterland«. Vom Vaterland spricht sie in vielen ihrer Briefe, es ist
Chiffre für ihre Jugend, ihre einstigen Hoffnungen, Inbegriff des
Familiären. Es ist das Reich der württembergischen Herzöge (die
inzwischen Könige geworden sind), aber es ist dennoch kein pa-
triotischer, politischer Begriff, sondern eine Sache des Herzens. Die
Empfindungen, die dieses Wort beschwört, hat, fast ein Jahrhundert vorher, Albrecht von Haller, Schweizer Dichter und Univer-
salgelehrter, in seinem damals berühmten Gedicht »Sehnsucht nach
dem Vaterlande« beschrieben, in dem es heißt:

Ach, daß ich dich schon itzt besuchen könnte.
Beliebter Wald, und angenehmes Feld!
Ach daß das Glück die stille Lust mir gönnte,
die sich bei euch in Einsamkeit erhält:
Doch endlich kömmt, und kömmt vielleicht geschwinde,
Auf Sturm die Sonn' und nach den Sorgen Ruh.

Und Goethe schien, für seine und Christophines Generation, die
später so martialische Vokabel in seinem »Felsweihe«-Gesang vollends befriedet zu haben mit den Versen:

Da wo wir lieben,
Ist Vaterland,
Wo wir genießen,
Ist Hof und Haus.

117

Der Aufbruch Christophines nach Süden war Heimkehr, ja Einkehr in ihre vertraute Landschaft und Mentalität; er war zugleich der Versuch, mit ihrer Witwenschaft, der Chance einer noch nie zuvor erfahrenen Ungebundenheit verantwortungsvoll umzugehen. Sie suchte nicht nur einen neuen Wohnsitz, sondern ihren Ort im freieren Leben, ihren Platz in der Gesellschaft und die Seelenruhe vor dem Ansturm der Ungewissheiten. Und sie glaubte, das alles zunächst in der Familie zu finden, bei dem einzigen Menschen, der ihr von den Schillers der Solitude noch übrig war, bei der Schwester Louise; die ihr aber wesensfremd war und die sie einmal, in einem Brief an Schillers Witwe, eine »ländliche Tante, die so gar wenig von der großen Welt hat«, genannt hatte.

Louise, inzwischen eine Vierzigerin, war seit zwanzig Jahren mit Johann Gottlieb Franckh verheiratet, der inzwischen eine gutdotierte Pfarrstelle in Möckmühl innehatte und dort hohes Ansehen genoss. Der kleine Ort mit etwa 1500 Einwohnern, eine sogenannte Oberamtsstadt, liegt an der Jagst, etwa 20 Kilometer nördlich von Heilbronn, und als das junge Paar Franckh zehn Jahre zuvor dorthin gezogen war, hatte Louise ihrem Bruder begeistert geschrieben von dem freundlichen Empfang, den vielen Honoratioren und der lateinischen Schule. Zwar sei der Ort etwas eng gebaut, aber volkreich mit Menschen und in einer fruchtbaren Umgebung. »Auch haben wir ein großes geräumiges Haus mitten in der Stadt.«

In dieses große, geräumige Haus tritt nun, Ende 1816, Christophine mit der jungen Therese Reinwald. Dort empfangen sie nicht nur die Pfarrersleute, sondern auch deren drei Kinder Gottlieb, Louise und Christiane, die etwas jünger als Therese sind. Das Mädchen sieht sich also einer beträchtlichen jugendlichen Hausmacht gegenüber, und Christophine findet ihre Schwester in leidendem, nervösem Zustand, auf »jede kleine Unannehmlichkeit« gereizt reagierend. Die Besucherin sieht aber gerade darin eine Chance, sich im Hause nützlich zu machen.

Aber wohl fühlt sie sich in Möckmühl von Anfang an nicht, und sie schreibt recht drastisch an die Schwägerin nach Weimar: »Der hiesige Aufenthalt gefällt mir außer dem Zirkel der lieben Meinigen gar nicht. Der Ort ist klein, unreinlich und ungesund. Nur der Amtmann, der ganz in der Höhe wohnt und eine sehr schöne Wohnung hat, ist davon ausgeschlossen (…) Du glaubst nicht, wie in dem kleinen Nest ein Luxus herrscht und daneben die höchste Armuth. Lieber will ich in Meiningen der Herzogin aufwarten (sie sah nie auf den Anzug) als hier die Frau Amtmännin besuchen, welches zwar wenig genug geschieht.«

In der Familie bereitet ihr nicht so sehr die Reizbarkeit der Schwester und die offenbar distanzierte Haltung des Pastors Kummer (den sie ja noch als Vikar und in seiner aufopfernden Rolle im Katastrophensommer 1796 auf der Solitude in guter Erinnerung hat), sondern der Streit unter den Kindern. Louise und Christiane halten die Fäden in der Hand, und Therese kann sich nicht beteiligen. Schon nach wenigen Wochen erkennt Christophine, dass das nicht gut geht, zumal nach einer Missernte auch die Vorräte im Haus knapp sind: »Hierselbst bin ich (…) sehr mit ihr (Therese) in Verlegenheit; ihre eigenen Mädchen, wovon die ältere 12 Jahr und die jüngere 10 ist, besorgen alle die kleineren wirthschaftlichen Geschäfte mit einer Gewandtheit und Frohsinn, daß für Therese nichts übrig bleibt (…) Ich bin also genötigt, wegen ihres Unterkommens an einem anderen Ort zu sorgen.« Therese ist inzwischen 18 Jahre alt und wird bald darauf Gesellschafterin bei einer Dame in Stuttgart.

Aber auch Christophine hält es nicht mehr allzu lange in Möckmühl. Den Sommer 1817 verbringt sie noch bei den Franckhs, im Herbst zieht sie – oder besser gesagt: zieht es sie – nach Marbach, an ihren Geburtsort: wenn der Schoß der Familie sich nicht bewährt, so vielleicht das Gemäuer der Kindheit, die Häuser und Straßen der frühesten Eindrücke. Hier wird sie drei Jahre lang bleiben und im Haus von entfernten Verwandten, einer Familie Reinhard, wohnen, bei freundlichen Leuten, die sie auch pflegen, als sie in dieser Zeit mehrfach an Brustentzündung erkrankt.

In Marbach, wo sie den Kreis ihres Lebens gewissermaßen geschlossen glaubt, schreibt sie ihr erstes Testament. Solche Schriftstücke sind ja mehr als Dokumente, in denen von Zuwendungen und Nachlässen die Rede ist. Sie sind vor allem Lebensbilanzen, oder härter noch: Dialoge mit dem Tod. Begegnungen mit der eigenen Endlichkeit. Sie, die robusteste unter den Schillers, macht durch ihre schmerzhaften Erkrankungen die neue Erfahrung, dass sie nicht mehr Pflegerin ist, sondern selbst der Pflege bedürftig. Sorge wegen ihres Alters kommt dazu. (Dass sie fünfundzwanzig Jahre später erst ihren wirklich Letzten Willen aufsetzen und einige der von ihr jetzt bedachten jungen Frauen überleben würde, konnte sie nicht ahnen. Es hätte sie wohl in den Marbacher Tagen eher mit Grauen als mit Dankbarkeit erfüllt.)

Im Testament vom 12. November 1817 setzt sie Therese Reinwald, die ihr durch »ihre kindliche Liebe« wert sei, und deren Schwester Karoline, ihr Patenkind in Rudolstadt, zu Haupterbinnen ein. Schillers Töchtern Karoline und Emilie vermacht sie dreihundertsechzig Gulden mit der Bitte, »das kleine Andenken mit Liebe aufzunehmen, da mein geringes Vermögen nicht hinreicht, Ihnen meine Liebe thätiger zu beweisen«. Die Töchter ihrer Schwester Louise bedenkt sie mit einem Legat von zweihundert Gulden »als ein kleines Andenken von mir, weil sie durch eigenes grösers Vermögen das Glück hinreichend versorgt hat«. Gut zwei Jahre später ergänzt sie das Vermächtnis wiederum im Blick auf junge Mädchen, denen sie die Zukunft erleichtern will, und vererbt einen weiteren Geldbetrag den vier Töchtern des Meininger Sekretärs und Rechtsbeistandes Fleischmann, den sie, wie es damals Usus war, nach dem Tode Reinwalds sich zum Vormund gewählt hatte. Erst nach dessen Tod im Jahr 1832 wird sie, in juristischem Sinn, völlig frei sein.

Was ihr den Marbacher Aufenthalt zu einer erfüllten Zeit werden ließ, war der nach Jahrzehnten erneuerte Umgang mit der altvertrauten Freundin Ludovike. Die lebte nun in Ludwigsburg, wohnte aber in den Sommermonaten oft bei ihrem Bruder Friedrich Reichenbach, der in Erdmannshausen Pfarrer war, einem Nachbarort von Marbach. Dort trafen sich die beiden Frauen und fanden die alte Nähe wieder. Christophine sah in Ludovike nicht mehr nur die bewunderte Künstlerin, von der sie immer noch zu lernen hoffte, sie erkannte in ihr auch eine Schicksalsgenossin. Zwar hatte die Malerin, anders als sie selbst, nach langer Wartezeit ihren Traummann heiraten können, Franz Simanowiz, einen hervorragenden Offizier und notorisch schönen Mann; aber die Jahre des Eheglücks waren jäh in Samariterdienst übergegangen, als er im Jahr 1799 einen Gehirnschlag erlitt und von da an partiell gelähmt und auf die Pflege seiner Frau angewiesen war. Zudem hatte man ihn mit einer schäbigen Pension abgefunden, die nicht ausreichte, um die unerlässlichen Kuren und Bäder zu finanzieren, so dass Ludovike zunehmend gezwungen war, Auftragsarbeiten anzunehmen und, ähnlich wie Christophine, Zeichen- und Malunterricht zu geben. Einige ihrer Schülerinnen nahm sie auch zur Pension in ihr Haus auf. Es waren also nicht nur Jugenderinnerungen, nicht nur die Liebe zur Malerei, es waren auch Lebensbitterkeiten, die die beiden Sechzigerinnen nun verbanden. Christophine berichtete ihrer Schwägerin nach Weimar:

»Die gute Simanowiz hat mit ihrem Manne, der schon 20 Jahre kontrakt [gelähmt] ist, viel Geduld und Liebe auszuüben, das sie mit allgemeiner Achtung auch erfüllt. Ihre Kunst mit bewunderungswürdiger Ordnung und Sparsamkeit sichert sie hinreichend bei dem spärlichen Gehalt ihres Mannes, und überall genießt sie den vollsten Segen dieser Tugenden. Ihr Wunsch und der meinige war es längst, daß ich nach Ludwigsburg ziehen möchte, wo ich freilich in vieler Rücksicht mehr Genuß für Geist und Herz hätte; allein die zu theure Hausmiethe und manche Lebensbedürfnisse lassen mich diesen Wunsch reiflicher überlegen. In meinen Jahren ist nichts vorzüglicher als Ruhe und Bequemlichkeit (...) Hier kann ich in diesem Sinn ganz still leben; denn auch schon das viele Reden greift jetzt meine Brust an.«

Dem Zusammensein mit Ludovike verdanken wir ein Porträt

Christophine Reinwald, um 1820
Gemälde von Ludovike Simanowiz

Christophines aus dieser Zeit. Das ovale Ölgemälde zeigt eine andere Person als das dreißig Jahre zuvor entstandene Bild, aber eigentlich keine Sechzigjährige: die üppige Schönheit von einst hat
sich in eine eher schmal wirkende Gestalt verwandelt, aus dem fast
bäuerlich vollen und blühenden Gesicht ist ein strenges und herbes
geworden, und der Ausdruck des Ganzen, des breiten, schmallip-
pigen Mundes, der langen Nase und der festen, nachdenklich zu-
stechenden Augen ist der eines ernsten Lebens, einer melancho-
lischen Straffheit. Dass wir dennoch keine alte Frau vor uns zu
sehen glauben, ist wohl der nach wie vor vollen Haarpracht zu danken, dem Gefälle der Locken, die auf die rechte Schulter herabspi-
ralen. (Christophine schreibt nie etwas über ihr Haar oder über ihre
Frisur oder über den täglichen Toilettenkram; wenn sie eitel war im

Umgang mit sich selbst, hat sie in ihrer Korrespondenz jedenfalls nichts davon verraten.)

Ludovike Simanowiz sind nach den Marbacher Gemeinsamkeiten nur noch wenige Jahre vergönnt. Am 14. Juni 1827 stirbt ihr kranker Mann, und Christophine schreibt ihr – da ist sie schon wieder in Meiningen: »Wäre ich noch im Vaterland dann zögen wir zusammen und lebten und stürben miteinander! aber meine Liebe wer weiß ob sich bis jetzt im Vaterland meine Gesundheit erhalten hätte.« Schon ein Vierteljahr später, am 14. September, folgt Ludovike ihrem Mann in den Tod, und im Beileidsbrief an deren Schwester Johanna Reichenbach betrauert Christophine »meine liebste älteste Jugendfreundin«. Sie versteht den Todesfall so, »daß durch die baldige Nachfolge ihres lieben Mannes der höchste Wunsch ihres Herzens so sanft und ruhig zu scheiden erfüllt worden ist. So wünschte ich auch (...) mein Leben zu beschließen.«

1822 löst sich Christophine dann doch aus dem Marbacher Nest und zieht um; zwar nicht nach Ludwigsburg, sondern gleich ins größere Stuttgart. Dort bekommt sie Mitte Juni Besuch aus Meiningen: Ihre Bekannte Louise Heim, eine unternehmungslustige Dame aus guter, wohlhabender Familie, Nichte des berühmten Berliner Arztes Ernst Ludwig Heim, macht auf einer Reise in die Schweiz bei ihr Station. Sie reist mit eigener Equipage, mit einer komfortablen Kutsche, die sie vorerst in Stuttgart eingestellt hat. Ihr Erscheinen an dieser Stelle von Christophines Lebensweg, an einem Punkt großer Unentschiedenheit, wird für die inzwischen 65-Jährige von Bedeutung sein, die künftige Richtung bestimmen. Denn Frau Heim weiß nicht nur, was sie selbst will, sie hat auch eine kräftige Meinung davon, was andere wollen sollten.

Zunächst einmal quartiert sie sich bei Christophine ein: »Sie schläft allein in meinem Zimmer, wo ich ein schönes Bett für sie zurecht gemacht habe: ich schlafe in dem Kämmerchen, wo Gottlieb schlief, und die Jungfer im andern daneben. Ich weiß, daß die Heim gern allein im Zimmer schläft, deswegen richtete ichs so ein.

Wir sind sehr vergnügt zusammen und sie freut sich über mein gesundes Aussehen.«

Charakteristisch für die Courage und die Expeditionsbereitschaft dieser Dame ist ein Brief, den sie von einem Kuraufenthalt im thüringischen Bad Liebenstein an Christophine geschrieben hatte: »Mit einem großen Hammer in der Hand, eine Bäuerin oder einen Bergmann zum Wegweiser durchstreife ich die Wälder. Die seltsame Erscheinung macht oft die Frauen stutzig, und eine holzlesende Frau hielt mich neulich im vollen Ernst für den schätzebewachenden Geist der Burg. Die Männer dünken sich klüger und sagen: Ja, die Jungfer kennt die edeln Metalle und Steine hier im Berge, die wir dummen Leute mit Füßen treten. Dann erzählen sie mir Geschichten von Schatzgräbern und Venetianern, welche in kleinen Ränzchen ungeheure Reichthümer in ihre Heimat trugen. Ich amüsiere mich dabey mehr als sonst in der brillantesten Gesellschaft, die oft dummes Zeug (doch mit Anstand) vorbringt.«

Jetzt, in Stuttgart, bringt die resolute Louise Heim auch Christophine in Schwung. Und so merkwürdig es scheint nach den drei Jahren, die sie nun schon wieder in der alten Heimat lebt: dank Louises Initiative erst wagt sie das Wiedersehen mit der Stätte ihrer Jugend, mit der Solitude. Ein Vierteljahrhundert ist vergangen seit dem Katastrophensommer, der die Erinnerung vielleicht beschädigt hat, vierzig Jahre sind verflossen seit dem letzten großen Fest des Herzogs und der Flucht des Bruders und fast fünfzig, seit sie als Zwanzigjährige mit der Familie dorthin gezogen war. Und viel weiß sie der Schwester in Möckmühl nicht von dieser nostalgischen Visite zu sagen; es liegt eine Scheu in der Lakonik, mit der sie ihr schreibt: »stelle dir vor, gestern nach dem Mittagessen gingen Louise und ich auf die Solitude, dort liefen wir überall herum, dann nach dem Berkheimer Hof und mit der (Frau) Notter hierher, über den Wald, und heute früh bin ich gar nicht mehr müde. Alle Bekannten erfreuen sich und es ist mir selbst ein Rätsel, wie man in meinen Jahren noch so viel Kraft haben kann; dieß alles ist ein Geschenk von Gott, dem ich jeden Augenblick danke.«

Sie war nicht die einzige Wiedergängerin in jener Zeit, als die Solitude allmählich aus der herrschaftlichen Regie entlassen und zu einem landwirtschaftlichen Pachtbetrieb wurde und das Schloss bald auch für Besichtigungen offen stand. 1818 hatte Maria Federowna der Anhöhe einen Besuch abgestattet, die Witwe des ermordeten Zaren Paul I., die hier, als er noch russischer Großfürst war, erlebt hatte, wie ihm der festliche Abend zur Tortur geworden war. Der Niedergang der Solitude aber zeigte sich auch daran, dass immer häufiger Einbrüche und Diebstähle in Schloss und Nebengebäuden verübt wurden. Just in dem Jahr, als Christophine und Louise Heim sich hier oben umsahen, wurde zur Bewachung ein Scharfschütze im Untergeschoss des Schlosses einquartiert.

Und endlich, von der Heim animiert und mit ihr zusammen, wagt sich Christophine doch an eine richtige Reise, mit großer Geste und leicht schlechtem Gewissen. »Es wird freylich bei vielen Menschen mißfallen, daß ich so in der Welt herum reise, allein ich bin ja ganz unabhängig und will von niemand nichts zu diesen Reisen.« (Im Gegenteil, sie schickt der Schwester noch zweihundert Gulden, die sie aus Meiningen mitgebracht bekommen hat.) Das klingt nach all der Fernsehsucht, die sie in langen Jahrzehnten hat unterdrücken müssen. Das hört sich an, als werde sie sich nun in einen jener Globetrotter verwandeln, die damals, meist von England aus, durch Europa zu streifen begannen und das touristische Zeitalter begründeten. Das weckt auch sacht den Eindruck, als habe es die Schwester dem großen Bruder endlich einmal wenigstens in Sachen Mobilität zeigen wollen: Denn Schiller ist ja ungern gereist, hat die Schweiz seines Wilhelm Tell, die hohle Gasse und den Vierwaldstätter See nie gesehen; auch nach Italien hat es ihn, den Dauerpatienten, nicht gezogen.

Die beiden Damen wollen in die Schweiz. Ende Juni 1822 besteigen sie den »prächtigen Wagen« Louises und fahren los. Etliche Monate werden sie unterwegs sein. Von besonderen Reiseerlebnissen und Natureindrücken ist nichts überliefert.

IV.
Altern als Lebenskunst
oder
Rüstigkeit und ein bisschen Ruhm

10. Neubeginn am alten Ort
(Meiningen 2)

Im Februar 1823 kehrte Christophine nach Meiningen zurück. Eigentlich sollte es nur ein kurzer Besuch sein. Noch einmal gab Louise Heim die Richtung vor. Nach der Rückkehr von der gemeinsamen Schweizer Reise hatte sie ihre Gefährtin eingeladen, mit ihr nach Thüringen weiterzufahren. Die hatte das Angebot gern angenommen, doch ohne sich von Verwandten und Bekannten zu verabschieden, weil sie ja bald wieder zurück sein wollte in Württemberg. Denn in Meiningen hatte sie alle Brücken abgebrochen: Das Häuschen war verkauft, ebenso der »Berg«, das Gartengrundstück; und ihre »Effekten«, das waren vor allem Möbel, hatte sie bei Freunden untergestellt, um sie veräußern zu lassen. Nun aber war sie überrascht, wie viele Menschen ihr dort herzlich entgegenkamen, sie in ihrer Mitte wissen wollten. Auf einmal fand sie nach den fünf Jahren in Württemberg, dieser unsteten Suche nach einer Altersbleibe, im einst so schwierigen Meiningen eine unerwartete Heimat. Sie blieb einfach dort und schrieb ihrer Schwester schon nach kurzer Zeit: »Du weißt, liebe Schwester, wie wunderbar mich einst mein Schicksal hieher führte – und hier soll ich nun auch mein Leben beschließen. Das habe ich, als wir das letztemal so vergnügt zusammen waren, nicht ahnden können, und nun ist es entschieden.«

Ein Vierteljahrhundert bleibt ihr noch zu leben, und diese Frist verführt noch einmal zu einem Blick auf das Schicksal des Bruders. Genau diese Zeitspanne hatte Friedrich Schiller für sein gesamtes Werk, von den Räubern bis zum Demetrius, von der ekstatischen Widmung an den Tod in der Anthologie auf das Jahr 1782 bis zu seinem Sterben am 9. Mai 1805; 25 Jahre umfasste der Arbeitszeitraum des Dichters, der sein Leben durchjagen musste im Dienst seines Genius, der nie wirklich gesund war und seine Schwächezustände durch die Energie seines Schaffensfurors zu überwinden suchte, der vom frühen Ruhm fast erdrückt wurde und mit den späten historischen Stoffen heroische dramaturgische Kämpfe ausfocht; dessen Dasein ein einziger Wettlauf mit dem Tod war und für das, was man gemeinhin Leben nennt, so gut wie nichts übrig ließ. Ein Vierteljahrhundert als kreative Selbstzerstörung.

Und ebendiese Spanne wird nun der Schwester noch einmal zuteil (auch wenn sie es nicht ahnen kann). Sie wird sich zunehmend sicher einrichten in ihren späten Jahrzehnten, in ihrer neuen Aufgabe: dem Älterwerden in Würde und Tätigkeit, in der freundschaftlichen und sogar beratenden Verbindung mit den Schiller-Kindern, in der jetzt mit größerer Freiheit betriebenen Malerei und dem Zeichenunterricht; auch in der Aura, die der Ruhm des Bruders auf sie abstrahlt, die sie aber nie überheblich auskostet; vor allem aber in der Eigenständigkeit und Ausdauer, mit der sie nun Haushalt und Gelddinge bewältigt und ihre Freundschaften pflegt; nicht zuletzt aber in ihrer exemplarischen Anspruchslosigkeit und Hilfsbereitschaft.

Nach wenigen Wochen in Louise Heims großem Haus nahm sie sich bald eine andere Wohnung. Sie wollte ihre eigene Herrin sein, und nach den Württemberger Jahren, in denen sie mehr oder minder immer zu Gast gewesen war, genoss sie erkennbar die neue Situation: »Meine Wohnung, die aus einer schönen Stube, die hoch ist, einer Stubenkammer, einem Cabinetchen und Vorstübchen besteht, ist sehr hell und gesund (...) An den Wochen-Tagen koche ich mir selbst, was ich mag, und an den Sonntagen, weil ich gern in die Kirche gehe, habe ich die Kost bei meiner Hausfrau und esse mit ihr, das ihr sehr angenehm ist. Für mein Logis mit der Aufwartung und noch einigen Möbles, die ich mir gelegentlich erst anschaffen will, bezahle ich 45 fl Rheinisch, in Stuttgart mußte ich 55 geben und hatte nicht die Hälfte Platz.«

Aber vor allem freut sie die Lage des Hauses in der Nähe des

Oberen Tores, im Süden der Stadt, nahe bei der Werra, die die Stadt umfließt, wo sie gleich ins Freie treten und sich in einem zugehörigen großen Garten ergehen kann, ohne sich, wie für einen Stadtgang, besonders anziehen zu müssen. Aber nicht nur Spaziergänge liebt sie, sondern auch Gartenarbeit, und so ist sie froh, dass ihr Louise Heim in deren Garten ein Stück Land überlassen hat, in dem sie nach Kräften säen und pflanzen kann. Selbst auf den »Berg«, den sie mit Reinwald einst bewirtschaftet hat, kehrt sie, vom jetzigen Besitzer dazu eingeladen, gelegentlich zurück.

Und es scheint, als ob sie dieses Meiningen jetzt mit ganz neuen Augen sieht, nicht mehr getrübt vom düsteren Blickwinkel ihres Mannes; jedenfalls kann sie in den Briefen an die Schwester Beobachtungen mitteilen, die ihr der Bibliothekar wohl ausgeredet hätte: »Es ist viel Wießgrund um Meiningen, und sehr viel Vieh, die Heerden werden ausgetrieben, zu jedem Thor eine, das gefällt mir so wohl; bei Euch ist größtentheils Stallfütterung, weil sie mehr Milch geben soll, aber gesünder ist es für das Vieh, wenn man es austreibt. Zuerst kommen die Gänseheerden, es hat über 1000 Gänse, die durch die 3 Thore getrieben werden, die haben ihren eigenen Plaz, wo sie weiden dürfen; dann kommen die Ziegen, deren einige Hundert sind; jedes Arme und viele Wohlhabende halten Ziegen. Die Milch ist vortrefflich, aber ich kaufe Kuhmilch, da kostet die Maas 3 Kreuzer.«

Aber sie, die offenbar ihr »vaterländisches« Schwäbisch nie verloren hat, bringt auch süddeutsche Lebensart mit und unter die Leute: »Denk nur, die Leute hier haben voriges Jahr nach meinem Rat vielen Obstmost gemacht, der sehr gut geraten ist (...) Der Herr Hofprediger Emmrich hat (...) Most gemacht, der ganz vortrefflich ist; er hat so viel Geist, daß er berauscht, wenn man viel trinkt. Auch habe ich eine Quelle ausfindig gemacht, wo ich billigen Wein bekommen kann, den ich zuweilen auch bey Besuch haben muß, nehmlich von Würzburg; der kommt die Bouteille auf 26 Kreuzer und ist sehr stark.« Der Bruder war ja, vor allem in seinen jungen Jahren, ein exzessiver Trinker, aber für sich wehrt sie Missverständnisse ab: »Ich selbst trinke sehr wenig, aber, wenn jemand von Stande kommt, nehmlich alte Freunde meines lieben Mannes mit ihren Frauen, so erfordert dieß die Ehre. Ich könnte alle Tage, wenn ich wollte, in Gesellschaft zubringen, aber ich suche es so viel als möglich abzulehnen; doch vergeht selten eine Woche ohne Besuche.« Jetzt endlich konnte sie ihre gastfreie Natur ausleben.

Schon nach einem kurzen Jahr musste sie, wohl wegen eines Todesfalls in der Familie der Vermieterin, die Wohnung wechseln und mietete sich im Haus des Knopfmachers Wilhelm Adam ein, in der (heutigen) Georgstraße 9, ganz in der Nähe von Louise Heim und nun doch wieder mehr dem öffentlichen Leben, vor allem dem Treiben der Hofgesellschaft zugeneigt. Denn es lässt sich nicht leugnen: Christophine hatte es mit dem Adel. Obwohl doch von Jugend an den Umgang mit der Adelsgesellschaft, dem württembergischen Herzog und seinem Anhang, gewöhnt, obwohl doch vom Bruder schon früh auf Protest getrimmt und aus seinen Stücken über Bürgerstolz und Fürstenwillkür belehrt, obwohl selbst ein Muster an Mildtätigkeit für die Armen – in der Bewunderung fürs Blaublütige blieb sie doch eine nicht untertänige, aber doch anbetende Seele. So wie sie an Gott glaubte, so glaubte sie an den Adel.

Einmal schickte ihr die Schwester schwäbisches Weihnachtsgebäck, sogenannte Springerle; und als sie das Paket auspackte, kam gerade die Nichte der Herzogin zu ihr, die Prinzessin von Carolath, der sie zu kosten gab und die dann die Backkünste der Schwäbinnen lobte. Und Christophine berichtet es der Louise mit kurios wirkendem Stolz: »Das hättest Du wohl nicht gedacht, als Du's einpacktest, daß sie in einen so vornehmen Magen kommen würden.« Da war sie im Alter nicht weniger beeindruckt als in jüngeren Jahren, als einmal die Fürstin Wilhelmine von Wied-Neuwied sich von ihr porträtieren ließ und sie der Schwägerin Lotte stolz berichtete: »Stelle Dir die außerordentliche Güte vor: sie kam selbst zu mir (…) … während daß ich an ihr malte, sagte sie mir Gedichte aus dem Gedächtniß vor, viele von ihren eigenen. (…) auch that sie mir die Ehre an, eine Tasse Kaffee bei mir zu trinken.«

Seit der Rückkehr nach Meiningen verschaffte ihr der Kontakt zum Hof, zumal zur Herzogin Eleonore, aber nicht nur persönliche Genugtuung und gesellschaftliches Renommee; er bedeutete auch so etwas wie eine Disziplinierung ihres Lebensstils, ihrer öffentlichen Erscheinung. Denn sie liebte es nicht, viel Geld für ihre Kleidung auszugeben. Nur einmal, im Jahr 1834, als sich die Königin von England zu einem Besuch in Meiningen angesagt hatte, ließ sie sich zu einer Extravaganz hinreißen und bat die Schwester Louise um Mithilfe: »Du kannst denken, daß mein Staat nicht zu solcher Gelegenheit paßt, doch kann ich alles noch einrichten, nur fehlt es mir an einem etwas großen Halstuch oder Shwal (sic!), der aber wenn es möglich ist, einen weißen oder doch hellgrauen Grund hat mit einer Borde, die nicht zu bunt ist (…) wenn Du also in Heilbronn einen von der Art bekommen könntest, möchte ich lieber aus Deinem Vaterland einen haben, da jetzt, weil alles kauft, die Sachen unerhört teuer sind; (…) es mag von Seide oder Wolle seyn, wenn er nur anständig groß ist.«

Einer der wichtigsten Gründe für ihre Rückkehr nach Meiningen und für die Einrichtung eines festen Wohnsitzes im Herzogtum war aber die Sicherung ihrer Pension (die bald darauf von 50 auf 100 Gulden jährlich erhöht werden sollte). Die Überweisung des Geldes nach Württemberg war mit hohen Gebühren belastet und vom Vormund Fleischmann vorgenommen worden.

Der aber hatte ihr nun gesagt, er wisse, wegen seiner geschwächten Gesundheit, nicht, wie lange er ihr als Berater noch dienen könne. Außerdem gab es durch einen Meininger Regierungswechsel eine neue Verfügung, dass Pensionszahlungen überhaupt nicht mehr »außer Land« transferiert werden dürften. Sie weiß zwar um ihre guten Beziehungen zum Hof, aber sie will sie nicht strapazieren: »… so wäre es eine große Anmasung von mir zu verlangen, daß man bey mir eine Ausnahme machen sollte. Ich kann bey der großen Güte unserer Herzogl. Familie diß nicht wagen, und alle meine Freunde stimmen mit mir ein.«

Dies schreibt sie an ihre Stuttgarter Bekannte, Frau von Notter, und sie gibt sich in diesem Brief nicht nur als eine Person von großer Lebensökonomie zu erkennen, sondern auch als ein Mensch, der nie aus dem Vollen hat wirtschaften können; nicht im Elternhaus, nicht im ehelichen Haushalt. Jahrzehnte des allzu knappen Geldes haben sie zu einer nüchternen Rechnerin werden lassen: »Sie werden selbst einsehen, theuerste Freundin, daß eine Sicherheit über unsere Existenz die erste Bedingung des Lebens ist zumal in meinen Jahren, wo die Bedürfnisse sich mehr erweitern als einschränken (...) Hier erhalte ich Naturalien an meiner Pension, die ich dort viel theurer kaufen, und hier wohlfeil verkaufen mußte (...) Das Holz bekomme ich so viel ich brauche, eben so Korn, hätte mich die Liebe zum Vaterland nicht so lange dort gehalten so müßte ich es als eine Thorheit mir vorwerfen, indeßen diese Vortheile entbehrt zu haben.«

Eine kluge Rechnerin ist sie, eine sparsame Wirtschafterin, aber auch eine gute Seele. Einige Jahre später spricht sie von anderen Werten: »Überhaupt habe ich in meinem langen Leben gefunden, daß das die sichersten Kapitalien sind, die wir in die Herzen guter Menschen legen, diese bringen hundertfältige Früchte.« In einem Weihnachtsbrief an ihre Schwester lässt sie zum ersten Mal Distanz zu ihrer Meininger Freundin erkennen, die ihr zu materialistisch ist. »Louise Heim ist gerade das Gegenteil von meiner Denkungsart, sie häuft so viel Geld zusammen und zeigt bey jeder Gelegenheit, daß sie sich wenig aus der Liebe der Menschen mache. Sie ist immer kränklich, kann nichts genießen, von allem dem Gelde sich wenig wahre Freude machen. Vorigen Sommer machte sie wie gewöhnlich große Fußreisen in die thüringischen Gebirge (...) In dieser Abwesenheit bat sie mich, ihr Haus so lange zu bewohnen, damit, wenn etwas vorgienge, sie ruhig seyn könnte, und gab mir also nebst andern Aufträgen auch den, was mit ihrer Schatulle vorgenommen werden sollte; ich wollte sie aufheben, um im Notfall bey Feuersgefahr sie selbst in Verwahrung zu bringen, aber ich bin nicht im Stand sie aufzuheben, so schwer ist sie. Was muß da für eine Geldmasse seyn! Doch tauschte ich nicht mit ihr, ich genieße das, was mir Gott gibt, mit andern und freue mich seines Segens, den ich überall finde. Sie ist arm bey ihrem vielen Geld und nicht geliebt, und ich bedaure sie; sie wird täglich eigensinniger und wir haben Alle unsere Noth mit ihr.«

Sie selbst hat den ihr einst so verwünschten Zeichenunterricht wieder aufgenommen, der für sie, durch den Umgang mit jungen Mädchen, auch so etwas wie ein Jungbrunnen ist. Drei bis vier Mal in der Woche kommen »sehr schöne und gebildete Mädchen, die mein Alter erfreuen«, zu ihr und lassen sich in Bleistift- und Aquarelltechnik unterweisen; allerdings ohne feste Termine, denn Christophine muss, mehr denn je, ihre Augen schonen, und ohne Bezahlung. Aber dafür heimst sie Geschenke ein und Einladungen in Häuser, in denen sich auch der Herzog blicken lässt. Und manchmal gibt es Überraschungen: »Als ich vor ein paar Tagen nach einem Besuch, den ich machte, nach Hause kam, stand ein prächtiger Tisch von Mahagoni-Holz auf dem Vorsaal. Meine Hausleute sagten, es hätten ihn zwey Bediente hereingetragen, die sie nicht kannten. Das kam ganz gewiß auch von ihnen (den Schülerinnen), und den Hausleuten war es nur verboten zu sagen, wo er herkäme. So habe ich auch zwey prächtige Kupferstiche auf diese Art bekommen, wo ich nicht weiß, wer sie gegeben; sie lagen einmal, nachdem ich vielen Besuch den Abend beym Thee hatte, auf meinem Zeichnungstisch in der Kammer, sie sind wenigstens 12 Gulden werth.«

Sie weiß den Wert solcher Geschenke zu schätzen, aber sie selbst bleibt anspruchslos; teure Einkäufe sind ihre Sache nicht. Als die Schwester ihr einmal elegante Handschuhe schickt, kann sie sie, für einen Besuch beim Herzog, gut gebrauchen, aber sie selbst hätte sich die Anschaffung nicht geleistet: »Das Geld für solche Dinge auszugeben dauert mich immer, ich gebe es lieber den Armen. Es gibt so viele Haußarme, die durch Unglück zurück gekommen sind und sich schämen, ihre Noth öffentlich zu sagen, denen gebe ich nach meinem Vermögen.«

Noch einmal wechselt sie die Wohnung; im Jahr 1832 verlässt sie das Knopfmacherhaus und zieht wieder in das Heim'sche Haus in der Georgstraße 4a. Diesmal aber nicht als Gast Louise Heims, sondern mit einer eigenen geräumigen Wohnung. Das Verhältnis zur alten Freundin hat sich, seit Christophine ihre Selbständigkeit und auch die Kraft gewonnen hat, über die Schwächen anderer hinwegzusehen oder damit zu leben, zu einer dauerhaften, wenn auch nicht verständnisinnigen Freundschaft eingependelt. Hier wohnt sie nun nicht nur wieder zentral (wie schon zu Zeiten ihrer Ehe); hier wird sie nun auch zur festen Meininger Größe, zu einer verehrten Gestalt, ja zur Sehenswürdigkeit.

In seinen »Wanderungen durch Thüringen« lässt der Märchenerzähler Ludwig Bechstein einen Reiseführer einen Rundgang durch Meiningen machen und wichtige Stationen erklären: »Über den regelmäßigen und sehr geräumigen Marktplatz, auf welchem die oft erneuerte, aber schon im Jahr 1003 erbaute Stadtkirche mit ihren zwei Türmen steht, führte Otto seine Freunde durch die untere Marktstraße, zeigte ihnen im Vorübergehen das Haus, in welchem Jean Paul gewohnt; bezeichnete dann ein anderes Haus als Wohnung von Schillers Schwester, und ein drittes als das, welches einst der fruchtbare Romanschriftsteller Carl Gottlob Cramer besessen.«

11. Die »Tante Reinwald«
Bezugsperson für Schillers Kinder

Eines Abends im Herbst 1826, Christophine hat gerade Gäste, tritt ein großer fremder Herr in ihr Zimmer; es brennt nicht allzu viel Licht, und im Dunkel der Tür kann sie sein Gesicht nicht erkennen. Der Besucher fragt, ob hier die Witwe Reinwald wohne, und sie, mit wem sie denn die Ehre habe? »Ich bin Ernst Schiller«, sagt er und fällt ihr um den Hals. Er komme aus Weimar, wolle sie doch endlich wiedersehen und ihr auch seine Frau vorstellen.

Christophine ist entzückt vom zweitältesten Sohn ihres Bruders, der zu diesem Zeitpunkt genau dreißig Jahre alt war. »Du kannst denken«, schreibt sie an die Schwester Louise, »welche Freude mir das war, aber die größte Freude war dieß, daß er dem Bruder so ähnlich sieht, die Größe, die Stimme, die Bewegung sind ganz die, als er in dem Alter war, die Herzlichkeit in seinem Betragen gegen mich ... Es gefiel ihm so wohl bey mir, daß er sich ganz vergaß, seine Frau zu holen. Da es Abend war, ließ ich geschwind guten Thee mit Rum und Gebackenes zurecht machen, und endlich lief er fort, um die Frau zu holen.«

Sosehr sie sich über den Neffen freut, so wenig gelassen sieht sie der Bekanntschaft mit seiner Frau entgegen. Schon bei der Nachricht von der Hochzeit, drei Jahre zuvor, hatte sie Bedenken gegen diese Partie gehabt (wenn auch nur der Schwester mitgeteilt): denn die Auserwählte, Magdalena, eine geborene Pfingsten und verwitwete von Massera, war katholisch, brachte eine Tochter mit in die Ehe und war fünfzehn Jahre älter als Ernst. »Mir will das nie eine frohe Ansicht gewähren, wenn die Frau älter als der Mann ist. Die Männer sind alle sinnlich, und es ist ein sehr seltener Fall, wenn der Mann nur die guten Eigenschaften einer Frau hochschätzt, die alt und hingewelkt ist. Ich kenne keinen einzigen und gehe ins 67. Lebensjahr.«

Und selbst jetzt, inmitten der Freude über den Besuch, liegen ihr die Bedenken noch so locker auf der Zunge, dass sie dem jungen Schiller, ehe er seine Familie holt, noch nachruft: »Warum hast du nicht lieber die Tochter geheiratet?« – Aber dann ist sie doch von den beiden bezwungen: von der immer noch hübschen Frau, die mit dem Neffen gut umzugehen scheint, und vor allem von der kleinen Tochter, die ihr zutraulich das Herz öffnet. Und so folgt der überraschenden Abendvisite ein Beisammensein auch am nächsten Tag, erst zum Frühstück und dann zum Mittagessen, das aus dem Gasthaus gebracht wird. Christophines Fazit: »Er war so vergnügt und seine Frau auch. Nun gebe Gott seinen Segen, daß er wirklich glücklich ist.«

Es gab ja auch einiges zu bereden. Charlotte Schiller war ein Vierteljahr vorher, am 9. Juli 1826, in Bonn gestorben, wohin sie sich, von Weimar aus, zu einer Augenoperation begeben hatte. Just als sich unter den Kindern und Verwandten die Nachricht verbreitete, es sei alles gut verlaufen, kam eine Komplikation hinzu, und die positive Post musste widerrufen werden. Im Namen seiner Geschwister, des älteren Karl, der jungen Frauen Emilie und Karoline, hatte Ernst nun in Weimar Gespräche über Nachlassfragen geführt, auch über den Verkauf des elterlichen Hauses. Eine besonders verpflichtende Aufgabe waren Gespräche mit dem alten Goethe über die Edition seines Briefwechsels mit Schiller und über die Aufbewahrung der Originale. Nicht zuletzt aber konnte Ernst von einem erfolgreichen Abschluss der Verhandlungen über die Verlagsrechte am Werk des Vaters berichten. Es gab, wie sich denken lässt, eine ganze Reihe von Bewerbern, aber Ernst von Schiller hatte sich schließlich für den alten Verleger und Familienfreund Johann Friedrich Cotta in Stuttgart entschieden. Voraussetzung für den Abschluss war der Umstand, dass der kunstsinnige König von Preußen, Friedrich Wilhelm III., den Nachkommen Schillers das Privileg erteilt hatte, die Werke des Vaters auf 25 Jahre allein zu verwerten.

Die Übertragung dieses Privilegs ließ sich Cotta nun 82000 Gulden, zahlbar in vier Tranchen, kosten.

Trocken kommentierte das Christophine in einem späteren Brief an Louise: »diese Herren neveus, die durch unseres Bruders Fleiß so reich werden sollten, könnten uns Schwestern auch davon mitteilen [= abgeben]; ich wenigstens würde das thun; wir wollen sehen, ob sie unsern Geist haben.«

Ernst lädt die Tante bei der Abreise zu sich und seiner Familie nach Köln ein, wo er damals als Jurist amtierte. Sie sagt ihm aber ab, ebenso wie sie seinem Bruder Karl absagt, der in Stuttgart als Förster tätig ist und sie zur Taufe seines ersten Kindes eingeladen hat.

Auch die beiden Töchter Schillers bemühen sich immer wieder um die »Tante Reinwald«. Nächst dem Neffen Ernst hat Christophine die ältere ins Herz geschlossen, Karoline, die, auch gegen die Bedenken der Tante, ihrem Ziel, Erzieherin zu werden, treu geblieben war und der sie zu ihrem ersten Engagement verholfen hat. Sie erzählte »ihrer« Prinzessin Carolath von dem Wunsch der jungen, 25-jährigen Frau, und diese vermittelte die Schillertochter an die frühere Landesmutter Meiningens, Luise, die nach dem Tod ihres ersten Mannes Georg den Herzog von Württemberg geheiratet (und auch diesen überlebt) hatte und nun eine Pädagogin für eine ihrer Enkelinnen suchte, die – seltsame Zerstreutheit der damaligen Besitztümer – im schlesischen Carlsruhe aufwachsen sollte. Stolz berichtet Christophine: »Karoline nahm es sogleich an und schrieb mirs, fragte mich um die weiteren Verhältnisse und, da ich die gute edle Fürstin 40 Jahre durch ihre Handlungsweise kannte, so wünschte ich ihr von ganzem Herzen Glück zu dieser Stelle, und ich hoffe, Karoline wird sich derselben würdig zu machen suchen, und, wenn sie nur gesund bleibt (sie sah oft kränklich aus), so wird sie gewiß ihre Pflichten treu erfüllen.«

Knapp zehn Jahre später, im Winter 1834, verbringt Christophine etliche Monate in Rudolstadt. Dort hat Karoline, ihren pädagogischen Neigungen treu, eine Erziehungsanstalt für junge Mädchen gegründet. Und die Aufnahme in ihrem Hause ist so herzlich, dass die alte Dame nun doch gelegentlich schwach wird und sich vorstellen kann, ganz nach Rudolstadt zu ziehen. Sie sieht sich alsbald in einen Kreis freundlicher Menschen eingebunden, zu denen auch die dortigen Fürstlichkeiten gehören. Und vor allem: Sie fühlt, dass ihre Anwesenheit nützlich ist. Denn: »Karoline ist gut, aber zu schwärmerisch in ihren Ansichten, und das geht nicht an. Da kann ich nun aus Erfahrung manches anders einrichten, als sie es bisher gethan hat, und deswegen bin ich gerne hier.«

Und so hat »die Tante Reinwald« alsbald das Bedürfnis, das Regiment zu übernehmen: »Seit ich hier bin, habe ich es eingeführt, daß ich den Haushalt besorge, nemlich herausgebe [offenbar das Wirtschaftsgeld] und anordne, welches mir Vergnügen macht und meine Thätigkeit unterhält, da ich in Meiningen das alles selbst besorge, was die Magd hier thut, sich aber für mich als die Tante nicht schickt.« Insgesamt ist sie mit der Ordnung der Dinge doch recht zufrieden: »Sie hat sehr ordentlichen Haushalt, was ich nicht vermuthet habe, da die Kinder (Schillers) doch gar nicht für wirtschaftliches Leben erzogen waren.« (Zwei Jahre später wird Karoline den Bergrat Franz Karl Emmanuel Junot heiraten.)

Auch die Schwester Karolines erwartete man zum Jahreswechsel 1834/35 in Rudolstadt: Emilie, die mit dem Freiherrn Heinrich Albert von Gleichen-Rußwurm verheiratet ist und bei der Christophine schon einmal im Jahr 1830 auf dem Familienschloss Greifenstein bei Würzburg zu Gast gewesen war. Doch der Besuch zerschlägt sich aus Gründen, die das alte Leitmotiv der Schiller'-schen Familie waren, nämlich »weil sie zu dieser Reise kein Geld hätten«. Da die von Gleichens Landwirtschaft betrieben und im Lande große Not herrschte, blieben sie auf ihrer Ernte sitzen.

Noch etwas anderes zeitigten die Rudolstädter Monate als die Versuchung, dort wohnen zu bleiben. Sie verhalfen Christophine auch zu einem kritischeren Blick auf die Meininger Verhältnisse. Nicht nur, dass ihr das Klima in Rudolstadt besser zu sein schien als das im Meininger Kessel; sie nahm auch, gerade aus der Distanz, auf einmal Anstoß an der politischen Atmosphäre und der sozialen

Kälte des kleinen Herzogtums. Der Vergleich beider Regimes öffnete ihr die Augen für Missstände daheim, und ihr Befund wechselte rasch und verblüffend das Vokabular: »Dort ist die Luft eingeschlossen von den nahen Bergen, hier ist alles frey und herrliche Gegenden. Dies alles sind fruchtbare schöne Gegenden, auch ist hier die Polizey weit geordneter als dort, ich habe seit 3 Monaten noch keinen Bettler gesehen, wo ich dort unaufhörlich damit geplagt bin, weil die Polizey gar nichts taugt.« Das liest sich zwar nicht besonders barmherzig, hat aber doch eine sozialkritische Motivation, wenn sie fortfährt: »Unser Herzog Bernhard ist viel zu gut und läßt alles gehen, und die Herzogin-Mutter, die so brav ist, nimmt sich um nichts mehr an (...) Hier sind für die Armen schöne Anstalten und Spitäler errichtet, dort ein kostbares Krankenhaus, das entsetzlich viel gekostet hat, wo aber die Kranken nicht unentgeltlich aufgenommen werden, da hilft es dem Armen nichts. Alles ist wegen der Hoheit, Gemahlin des Herzogs, auf einem größeren Fuß eingerichtet, aber im Innern ist Mangel.«

Dennoch kehrt sie im Frühjahr 1835 nach Meiningen zurück und heim. Sie weiß, gerade nach den geselligen Rudolstädter Wochen, dass sie am glücklichsten allein ist und dennoch vertraute Menschen um sich hat. Schon dem treuen und anhänglichen Ernst hatte sie das geschrieben, als er im Jahr zuvor sie nach Trier holen wollte, wo er inzwischen als Appellationsgerichtsrat eine angesehene Stellung hatte.

»Für deinen lieben Brief danke ich Dir herzlich, guter Ernst. Er ist mir ein abermaliger Beweis, daß wir uns gut verstehen und das thut mir sehr wohl zumal in meinen Jahren wo man persönlich wenn man keine Familie hat, alleinsteht. Doch dafür hat mich immer mein gnädiges Geschick bewahrt, ich lebe nun hier schon 48 Jahre. Viele meiner ersten Freunde und Bekannten sind längst in ein besseres Leben hinübergegangen, und es steht beinahe eine neue Welt um mich herum, doch auch unter dieser fanden sich treue liebende Herzen, die mir entgegen kamen und mir ihre Anhänglichkeit bewiesen; ich konnte auch wohl an keinem anderen

Orte mit meiner kleinen Einnahme so auskommen, wie hier (...) es muß Segen von oben sein daß es mir an gar nichts gemangelt hat, daß ich oft noch so glücklich bin Andere zu unterstützen, daß mir Gott noch so viele Kräfte schenkt in meiner kleinen Wirtschaft alles selbst besorgen zu können und daß er mich in diesem Gefühl der immerwährenden Heiterkeit des Geistes meine hohen Jahre noch immer nicht empfinden läßt.«

Sie hätte, wäre sie Ernsts Einladung gefolgt, ihn nur noch wenige Jahre begleiten können: Er starb schon am 29. Mai 1841, mit 45 Jahren, wie sein Vater. Da war auch die Schwester schon keine Briefpartnerin mehr. Louise Franckh war am 14. September 1836 gestorben, zweieinhalb Jahre nach ihrem Mann, dem Pastor. Christophine war nun die letzte Lebende unter Schillers Geschwistern, die Letzte auch, die ihn von Jugend an gekannt hatte.

12. Die Chronistin
Porträt des Künstlers als junger Mann

Spätestens nach dem Tod von Schillers Frau Charlotte begann Christophine in eine Rolle hineinzuwachsen, die sie in den letzten zwei Jahrzehnten ihres Lebens mehr oder minder freiwillig, mehr oder minder distanziert ausfüllte: die einer Instanz in Sachen ihres Bruders, einer Zeugin seiner Kindheit und Jugendzeit, die einer Gewährsfrau für Biographen, Literarhistoriker, Heimatforscher und Verehrer. Nicht, dass sie sich selbstgefällig mit dem Glanz geschmückt hätte, der immer mehr den toten Bruder umstrahlte; manches, was nun die Nachwelt an Kult betrieb, war ihr nicht ganz geheuer. Da war zum Beispiel jenes Objekt, das auch uns noch in jüngster Zeit beschäftigt hat: der Totenschädel. Damals, im Dezember 1826, hatte sie der Schwester Louise geschrieben:

»Du wirst in den Zeitungen gelesen haben, daß die Überreste des lieben Bruders aus der bisherigen Gruft sind auf den neuen Gottesacker in Weimar niedergelegt worden, es war aber schon alles vermodert, nur der Kopf allein war noch ganz, dieser aber ist mit großer Feierlichkeit in des Großherzogs Gegenwart, wozu der Ernst berufen worden, auf der Bibliothek daselbst aufgestellt worden, nebst einer Büste von Dannecker. Dieß alles kam in den Zeitungen. Es geschieht dem seligen Bruder viele Ehre noch nach seinem Tode.«

Täuschen wir uns, wenn wir da neben der Bewunderung auch Verwunderung mitlesen? Neben dem Stolz auch Befremden? Wohl kaum. Denn als es 1835 um ein Stuttgarter Denkmalprojekt geht, um eine Kampagne, zu der man auch sie eingeladen hat, bleibt sie auf Distanz. Vielleicht scheut sie auch nur die lange Fahrt, aber den Satz an die Schwester scheut sie nicht: »Überhaupt sage ich dir im Vertrauen das Publikum sollte es nun genug seyn lassen mit der

143

großen Verehrung es ist genug geschehen.« (Als übrigens am 8. Mai 1839 das Schiller-Denkmal enthüllt wurde, gab es ein großes Begeisterungsfest der Stuttgarter Bevölkerung, aber einen geradezu verbiesterten Widerstand des protestantischen Fundamentalismus, der es nicht zulassen wollte, dass während des festlichen Aktes die Kirchenglocken geläutet würden, und dessen Vertreter sich schworen, nie wieder den Platz zu betreten, auf dem sich dieses provokante Monument erhebt.)

Sosehr Christophine also offizielle Feierlichkeiten zu Ehren des Bruders mied, so engagiert war sie andererseits in Sachen der Familiengeschichte, der Erkundung alter Zeiten, der Bewahrung der Schiller-Tradition. Da konnte sie auch schon früh recht rabiat reagieren. So im Jahr 1810, als der Schillerfreund aus Jugend- und Karlsschultagen, Wilhelm Petersen, Erinnerungen an seinen zum Nationaldichter aufgestiegenen Kameraden veröffentlichen wollte und sich, zu ihrer Empörung, ausgerechnet Cotta als Verleger ausgesucht hatte. In einem Brief an Lotte vom 23. Januar 1810 hatte sie in erkennbarer Erregung geschrieben:

»Neulich las ich eine Ankündigung von Cotta, daß nächstens eine Geschichte von Schiller's Jugendjahren von Petersen im Druck erscheinen würde. Nun habe ich schon voriges Jahr Bruchstücke (wahrscheinlich von dieser Beschreibung) gelesen, welche höchst auffallende Stellen über unsern Vater enthielten, und ich finde mich genöthigt, diese Unwahrheiten wo möglich nicht der Publicität auszusetzen. Da ich aber mit Cotta in gar keiner Bekanntschaft stehe, so bitte ich Dich, liebste Frau Schwester« – gemeint ist aber die Schwägerin – »an ihn zu schreiben oder schreiben zu lassen, daß er, wofern es noch nicht unter der Presse ist, das Manuskript uns zuschicke, damit wir es erst sähen und das, was zum Nachtheil unsrer Familie und Unwahrheit ist, änderten. (…) Unbegreiflich ist, wie Cotta so etwas aufnehmen konnte, und wie er dem guten Sohn zutrauen mochte, daß er auf Kosten des Vaters erhaben sein wollte! – Denn das war doch die Tendenz, daß der Verfasser zeigen wollte, daß Schiller alles aus sich selbst geworden wäre. Das wird auch Niemand bezweifeln. Aber wozu muß denn der Vater gerade von der widrigsten Seite gezeigt werden? Der hat eigentlich gar nichts hier in dieser Geschichte zu thun.«

Dreimal hat sich Christophine in ihren späten Jahren über den Bruder und die Familie Schiller geäußert. Von ihrem ersten Zeugnis, dem Bericht über das Brettener Geheimtreffen von Mutter und Schwester mit dem Deserteur, war schon die Rede; Christophine hatte ihn 1828 auf Bitten Andreas Streichers verfasst, der seinerseits ein Buch über »Schillers Flucht« plante und 1835 veröffentlichte. Etwa um die gleiche Zeit muss sie mit ihren Aufzeichnungen über »Schillers Jugendjahre« begonnen haben, denn diese lagen der Schwester Lottes, Karoline von Wolzogen, bei der Abfassung ihrer 1830 erschienenen Biographie »Schillers Leben, verfasst aus Erinnerungen der Familie« vor und teils zugrunde. Offenbar hatte Karoline, die in zweiter Ehe mit Wilhelm, dem Sohn Henriette von Wolzogens, verheiratet war und den Schiller-Kult aktiv betrieb, Christophine um ihre Erinnerungen gebeten. Sie hatte also selbst nie an eine eigene Veröffentlichung gedacht; das Manuskript, zwölf Quartblätter, muss sich Christophine aber von Frau von Wolzogen zurückerbeten haben, denn es fand sich im Nachlass der langjährigen Schillerfreundin Charlotte von Kalb, der sie es wohl um 1834 geschenkt hatte. 1870 wurde es, durch Vermittlung des frühen Schillerbiographen Emil Palleske, von Robert Boxberger zum ersten Mal veröffentlicht. Es erschien damit ein gutes Jahrzehnt später als das dritte Dokument aus Christophines Hand, die »Notizen über meine Familie«, die sie im Oktober 1845 geschrieben und die Alfred von Wolzogen, Henriettes Sohn, 1859 in einem größeren Band unter dem Titel »Schiller's Beziehungen zu Eltern, Geschwistern und der Familie von Wolzogen« veröffentlicht hatte.

Da sitzt nun die alte Dame und schreibt, beschwört noch einmal die Jugend des Bruders herauf, die auch ihre eigene war. Da sitzt sie als Siebzigjährige und führt sich den Spielgefährten von einst vor Augen, die frühen Erlebnisse mit ihm, aber auch die schon rasch erkennbare Besonderheit, den Eigensinn, das Exzentrische, die

Courage. Sie will damit hinter das öffentliche Bild gelangen, den Ballast und Bombast des Nachruhms beiseitetun, um einen authentischen Schiller freizulegen. Kinderszenen, Gesänge der Frühe. Wir haben diese Szenen aufgespart bis zuletzt, weil sie, ins Jugendkapitel eingeordnet, nur kuriose Belege, anekdotisches Material gewesen wären; nun aber sind sie Zeugnisse nicht nur von Friedrich Schiller, sondern auch von Christophine selbst, von ihrer Geschwisterliebe und Familientreue, von ihrer Erinnerungsseligkeit und Alterswachheit. In dieser späten Lebenssituation sind sie wie ein letzter Dialog mit dem in Denkmalshöhen entrückten Dichterfürsten, ein Dialog, der ihn beim noch unbewussten Betreten der ersten Stufe seines Sockels zeigt.

Gewiss, sie hat Schwierigkeiten mit Daten, Namen, Orten. Gleich im ersten Satz gibt sie den Geburtstag Schillers falsch als den 19. (statt des 10.) November 1759 an. Sie bringt, noch auf der ersten Seite, auch die Standorte des Vaters und seine Versetzungen durcheinander. Sie versetzt den Aufenthalt der erstmals wiedervereinigten Familie in Lorch um volle zwei Jahre (1765–68 statt 63–66) und lässt sie dort noch wohnen, als man – seit 1766 – längst in Ludwigsburg heimisch geworden ist. Es gibt etliche Fehler in solchen Details, und die Schillerforschung hat ihre liebe Not mit den Korrekturen gehabt. Aber der Zauber der Intimität, der die kleine Skizze umgibt, bleibt davon unberührt:

»Schon frühe zeigten sich bey dem kleinen Fritz gute Anlagen. Als Kind von 5 Jahren war er schon auf alles aufmerksam, was der Vater seiner Gewohnheit gemäß im Familien-Zirkel vorlas: er fragte immer noch besonders über den Inhalt desselben, bis er ihn recht gefaßt hatte. Am liebsten hörte er zu, wenn der Vater Stellen aus der Biebel las oder im Familienkreise seine Morgen- und Abend-Andachten verrichtete, wo er sich immer von seinen liebsten Spielen losmachte und herbey eilte. Es war ein erfreuender Anblick den Ausdruck der Andacht aus seinem jugendlichen Gesichte zu sehen. Seine frommen blauen Augen zum Himmel gerichtet, das röthlich gelbe Haar, das seine feine Stirne ummalte, und die kleinen mit

Inbrunst gefalteten Hände gaben ihm ein himmlisches Aussehen, man mußte ihn lieben.«

Der Text ist zwar etwas süßlich, aber in Einzelheiten auch wieder genau, und er liefert zugleich Indizien dafür, wie rasch die Nachwelt am Schillerbild zu retuschieren versuchte. Karoline von Wolzogen hatte in ihrer Biographie (die ja darauf fußte, aber vorher erschienen war), »das *röthlich* gelbe Haar« in das »lichtgelbe« verwandelt (obwohl Schiller in der Tat rote Haare hatte) und das himmlische Aussehen in das »Aussehen eines Engelsköpfchens« gesteigert.

Dass er nicht nur zuhörte, sondern auch selbst schon als Kind zu predigen begann, sich von der Schwester die schwarze Schürze lieh und einen Stuhl als Kanzel erklomm, von dem aus er dann »einige Sprüche sehr schiklich« zusammenreiht, davon war schon kurz im Jugendkapitel die Rede; Christophine hätte solche Szene nicht noch nach sechs Jahrzehnten in der Erinnerung haben können, wenn sie nur ein Kinderjux, eine Theaterkasperei und ein einmaliger Vorgang gewesen wäre; es muss eine gewisse Besessenheit davon ausgestrahlt haben; davon zeugt auch ihre Beobachtung: »Dann mußte sich alles um ihn herum still und andächtig verhalten und ihm zuhören, auserdem wurde er so eifrig, daß er fortlief und sich lange nicht wiedersehen ließ, dann folgte gewöhnlich eine Strafpredigt.«

Bei Straf*predigten* blieb es nicht im Hause Schiller; der Vater, militärische Härte gewohnt, führte ein strenges Regiment. Zu den bizarrsten Erzählungen Christophines, die selbst von Karoline von Wolzogen ausgespart wurde, gehört ein Drama um eine kleine Nascherei; sie schildert den Vorfall, als habe ihr Franz Kafka die Feder geführt:

»Er ging auch gern in die Kirche und Schule, und versäumte keins ohne wichtige Ursachen. Nur einmal geschah es, daß er sich vergas, es rief ihn nehmlich die Nachbarin, die mit der Familie sehr bekannt war, (und durch deren Haus er immer den Gang nach der Schule machen mußte) er solte einen Augenblick in die Küche kom-

men. Sie wußte, daß es sein Lieblings-Gericht war Brey von Tür-
kischem Weizen, – natürlich folgte er der Einladung –, und war
kaum über den Brey gerathen, als sein Vater, der oft zum Nachbarn
ging ihm etwas aus der Zeitung mitzutheilen, an der Küche vor-
überging, ihn aber gar nicht bemerkte – allein der Arme erschrak so
heftig und rief: Lieber Vater, ich wils gewiß nie wieder thun, nie
wieder! Jetzt erst bemerkte ihn der Vater, und sagte nur: nun geh
nur nach Hause. – Mit einem entsetzlichen Jammergeschrey ver-
ließ er seinen Brey – eilte nach Hause, bat die Mutter entständig, sie
möchte ihn doch bestrafen, ehe der Vater nach Hause käme, und
brachte ihr selbst den Stok. Die Mutter wußte nicht, was das alles
bedeuten solte, denn er konte vor Jammer kein Wort heraus bringen – bestrafte ihn jedoch mütterlich.«

Sie erzählt die alten Geschichten gewiss nicht, um die Eltern,
zumal den Vater, zu denunzieren; aber sie selbst ist darauf bedacht,
mit freundlicheren Erinnerungen im Gedächtnis ihrer Mitmenschen
zu bleiben. So erzählt sie einmal der Schwester vom Weihnachtsfest
des Jahres 1824, als sie die Kinder ihrer Aufwartefrau, fünf an der
Zahl, zu sich heraufrief und ihnen einen Gabentisch bereitete:
»und da ordnete ich also auf meinem langen Zeichnungstisch die
Teller mit Aepfel, Nüssen, Pfefferkuchen und etwas Geld für einen
jeden noch; sie waren alle überrascht, den zwey älteren Mädchen
strickte ich Halskrausen, die sie sich längst gewünscht hatten, die
Jungen bekamen Papier und Federn und Farben, weil sie zeichnen
in der Schule. Kurz ich habe durch diese Kleinigkeiten, die ich nach
und nach zusammenbrachte, eine solche Freude gemacht, daß sie
nicht wissen, wie sie mir ihre Dienstfertigkeit genug beweisen sollen, ich genieße es tausendfältig wieder durch Liebe und Gefälligkeit.«

Liebe und Gefälligkeit rühmt sie in ihren Erinnerungen auch
dem Bruder nach. Eine andere Begebenheit rückt diese Eigenschaft
ins Licht: »Eine Hauptneigung bey ihm war, gerne zu geben. So
bemerkte einsmal sein Vater, daß er seine Schuhe mit Bändern statt
mit Schnallen, die damals gebräuchlich waren, zugebunden hatte;

als er ihn darüber zur Rede setzte, sagte er, daß er sie einem armen Jungen gegeben hätte – Er hätte ja noch ein Paar auf den Sonntag. Darüber der Vater nicht unzufrieden war, wenn er aber von seinen Büchern welche verschenkte, die der Vater wieder anschaffen mußte dann gabs Verweise, und nur aus Gehorsam unterdrückte er diese Neigung.«

Sie rühmt auch Schillers Verschwiegenheit, selbst in Dingen, in denen ihm unrecht getan wurde. Ein Lehrer, der ihn irrtümlich besonders hart bestraft hatte, entschuldigte sich bald danach bei Schillers Vater; der aber wusste von der Sache nichts. Und der Sohn, darauf angesprochen, winkte ab: Er habe gedacht, der Lehrer meine es doch gut.

Hat sie den Vater auch nie mit Worten kritisiert, so hat sie sich doch von dessen strengem Verhalten durch eigenes Vorbild distanziert. Kinderliebe, Altersmilde und insgeheimes Einverständnis mit Jugendstreichen trugen zu ihrem Ansehen bei den Meininger Kindern bei. Der Schriftsteller Rudolf Baumbach, Sohn des herzoglichen Leibarztes, hat zwei bezeichnende Episoden überliefert. Er gehörte zu jenen Autoren in der zweiten Hälfte des 19. Jahrhunderts, die sich mit einer Vielzahl geselliger Gedichte einen rasch wieder vergessenen Namen gemacht hatten. Geblieben sind von ihm sein populäres »Hoch auf dem gelben Wagen«, die »Lieder eines fahrenden Gesellen« (von denen Gustav Mahler vier vertont hat) und sein komfortables Wohnhaus in Meiningen, das heute als »Baumbachhaus« Museum und Literaturzentrum ist.

Die erste Geschichte führt uns noch einmal auf die Anhöhe der Berggärten, wo die Reinwalds ihre kleine Obstplantage hatten. Da streunt der sechsjährige Rudolf mit seinem Flitzebogen durch Büsche und Zäune, nachdem er beim Indianerspiel dem Marterpfahl wütend entkommen ist, und übt sich nun im Zielschießen auf die Tür eines alten Gartenhäuschens, seine Treffer mit dem Lied »Mit dem Pfeil, dem Bogen« kommentierend, als plötzlich die Tür aufgeht, eine »Waldfrau« zum Vorschein kommt und empört sagt: »Was ist denn das für ein Spektakel?« Nach beiderseitigem Erschrecken gibt es Versöhnung, Gebäck, einen Stachelbeerstrauch zum Naschen und beinah einen Kuss. Nur das »Schützenlied« muss der Knabe noch einmal singen und sich die Prüfung gefallen lassen, ob er denn wisse, wer das Lied gemacht habe? Der Junge, keck: Ob sie's denn wisse? Baumbach im Original: »Die alte Frau nickte freundlich und sagte: ›Das war mein Bruder.‹«

Rudolf Baumbach wurde darauf öfter zur Frau Hofrätin eingeladen und hat, dreißig Jahre später, ihr Wohnzimmer in detaillierter Erinnerung: »Dasselbe war mit einfachem Hausrat verziert, aber eine Unzahl von Stickerein, Decken und Polstern (...) verliehen dem Raum ein buntes Aussehen. Die Wände waren mit Familienbildern und Aquarellen von ihrer eigenen Hand geschmückt, und in den Fenstern blühten Rosen, Levkojen und Reseda.« Durch Christophines Gunst gelangte er auch in einen Spielkreis kleiner Mädchen, den eine Nachbarin, die Rätin Hartmann, nach dem Tod der eigenen Tochter um sich geschart hatte. Auch mit den Puppen der Verstorbenen durfte im kleinen Hof gespielt werden, aber nicht so, wie es der von seiner Abenteuerlektüre angestachelte Junge nun tat: Er hängte eine davon, als Sklaven, am Ast eines Obstbaums auf, bis die Rätin, vom Schreien der Mädchen alarmiert, dazwischentrat. Dem Donnerwetter folgte Hausverbot, elterlicher Zorn und tagelange Zerknirschung. Endlich ein Vermittlungsversuch Christophines: Der Missetäter solle die Frau Hartmann schriftlich um Verzeihung bitten, am besten in Versen. Und die schrieb er nun in ihrem Beisein:

> Liebe Frau Rätin, hören Sie mich an
> Und verzeihen Sie, was ich dem Gumal gethan.
> Hätt' ich gewußt, daß es sie kränkt,
> Hätt' ich ihn nicht an den Zwetschgenbaum gehängt.
> Glücklicherweis hat's ihm nichts geschad't,
> Darum bitt ich um Gnad.

Selbstironisch kommentierte es der Dichter in seiner 1877 veröf-
fentlichten »Jugenderinnerung« an »Die Frau Hofräthin« so: »Ich
habe manchmal noch oft Wonne auf Sonne und Herz auf Schmerz
gereimt, aber keines meiner Gedichte hat so den gewünschten Er-
folg gehabt wie jenes, welches ich unter den Auspizien der Schwester Schillers dichtete. Gesegnet sei ihr Andenken!«

Die Mentorin wird bei der Verfertigung an einen anderen sehr
jungen Versemacher gedacht haben.

V.

Das letzte Jahr
oder
Besuche bei der alten Dame

In ihrem letzten Lebensjahr – am 4. September 1846 ist sie 89 geworden und wird ihren 90. Geburtstag nur um fünf Tage verfehlen – gerät sie noch einmal ins Licht einer breiteren Öffentlichkeit, in ein seltsames Zwielicht, ja, in ein allzu weiches Schummer- und Schlummerlicht. Es ist immer noch Abglanz vom Ruhm des Bruders, der auf sie fällt, Widerschein seiner neuen Rolle als revolutionär strahlender Nationalheld, als Fürsprecher des liberalen Bürgertums. Es ist die Zeit des Vormärz, als die Schriftsteller Schillers »Götterfunken« neu interpretieren und die »Ode an die Freude« für eine einstmals unterdrückte Ode an die Freiheit ausgeben. Und während überall in Deutschland – oft genug unter Protest der Konservativen und der Kirchen – Schiller-Denkmale geplant werden, gerät die alte Dame Reinwald selbst unter Denkmalschutz, wird als Schillers Schwester zur vielbesuchten Sehenswürdigkeit »wie Schloß und Kirch' und Rathaus«.

So heißt es tatsächlich in einer Verserzählung, die Gustav Schwab, der kenntnisreiche und populäre Sagen-Sammler, im Spätjahr 1846 als »ein Genrebild« in einem Almanach mit dem frömmelnden Titel »Weihnachtsbaum für arme Kinder. Gaben deutscher Dichter« hat erscheinen lassen. Da wird den Kleinen erzählt, wie ein Besucher in Meiningen nach wichtigen Stätten und Plätzen sucht und von seinem Wirt den Tipp bekommt, dass es da auch die Schwester des berühmten deutschen Dichters zu besichtigen gebe; und wie der Fremde sich nun auf den Weg zu ihr macht und dann eine Frau trifft, die ihm ganz zeitentrückt vorkommt: eine Märchengestalt, halb Frau Holle, halb Rotkäppchens Großmutter. Aber nein, er trifft sie gar nicht wirklich, sondern lässt sich nur vom Fremdenführer berichten und gibt dessen Erzählungen in traulichen Versen wieder:

Dicht am Fenster, vor dem kleinen Tische
Sitzt am Farbentopfe, Pinseltauchend,
Schwer bewältigend der Hände Zittern,
Urgroßmutterähnlich die Matrone (…)
»O wie einsam!« ruft der Fremde traurig.
»Wer versorget, sagt mir, dieses Alter?
Dieser Armuth, wer kommt ihr zu Hülfe?«
»Sie sich selbst!« erwidert ihm der Führer. (…)
»Diesen Tisch, des Tages einmal, deckt sie
Mit dem selbstgescheuerten Geräthe;
Dort im Kämmerlein wird auf dem Kissen,
Das sie selbst gelüftet, bald sie ruhen,
Von der magern Kost zur Noth gesättigt (…).
Klopft' ihr Name an, den sie geopfert,
Jung den alten Ehemann erwählend,
Um dem Bruder Stätte zu bereiten –
Alle Welt wetteiferte mit Gaben! (…)
Doch sie will nicht, die Bedürfnislose,
Die an Selbstverleugnung längst gewöhnte,
Sie, von dargebrachten Opfern lebend,
Wie ein And'rer lebet von Genüssen.
Ohne Dienerhand und Freundesauge
Am Vergang'nen zehrend in der Stille,
Aus der Gegenwart nur Blumen pflückend,
Sitzt und malt im niedern Erdgeschosse
Schillers neunundachtzigjähr'ge Schwester.

An der verkorksten Huldigung Schwabs war so ziemlich alles falsch;
in Wahrheit hatte er sie gar nicht besucht. Schon die »urgroß-
mutterähnliche Matrone« konnte wohl eine Frau kränken, die es
allenfalls zu Nichten und Neffen gebracht hatte. Aber die Ausrufung
»dieser Armuth«, die Anrufung von »Hülfe« mussten eine ökonomi-
sche Haushälterin kränken, die es immer verstanden hatte, das Geld
nicht nur zusammenzuhalten, sondern auch anderen, Verwandten,

Freunden wie Notleidenden, zukommen zu lassen. Dass sie »von der magern Kost zur Noth gesättigt«, ja »von dargebrachten Opfern« abhängig sei, wies ihr eine Bedürftigkeit zu, die ihr erspart geblieben war. Auch »die an Selbstverleugnung längst Gewöhnte« war sie, spätestens seit dem Tode Reinwalds, nicht mehr, sondern eine tatkräftige alte Dame, die aus der Anspruchslosigkeit ihren christlich grundierten Anspruch, ihr Selbstbewusstsein empfing.

Und so zeigte sich alsbald, dass der rührselige Gustav Schwab an die Rechte gekommen war, dass er Christophine, im doppelten Sinn, schlecht kannte. Da blitzte in der alten Dame noch einmal schillerscher Widerspruchsgeist auf. Sie legte den Pinsel aus der »zitternden Hand« und schrieb ihm mit kräftigen Buchstaben eine Art Protestbrief; sie sei zwar durch seine Darstellung nicht gerade gekränkt, wolle auch seinem Dichtertum nicht zu nahe treten und vermute nur, »daß Sie in dem hohen Alter, dessen ich mich so innig freue, sich kein anderes Bild vorstellen konnten«. Doch dann stellte sie klar: »Daß es mir bis jetzt noch nicht ähnlich ist, habe ich Gottes Gnade zu danken und erkenne darin eine Belohnung für mein früheres Leben das ich der Pflicht gewidmet habe. (…) Und ich kann Ihnen nichts beßeres zum neuen Jahr wünschen als daß [Sie] mit Ihrem Alter gleiches Glück genießen möchten.«

Von der Antwort Schwabs ist nur ein Entwurf erhalten, eine Einübung in blumenreiche Zerknirschung: »Ehrwürdige, hochzuverehrende Frau! Mit großer Beschämung, aber auch mit einiger Freude habe ich die gütigen Zeilen gelesen, deren Sie mich würdigen. (…) Wer so schreiben kann, über dessen Betrachtung vergißt man das Alter, statt es schildern zu wollen. Der Brief von Schillers Schwester wird aus der Hand meiner Kinder in die der Kinderkinder als ein Kleinod wandern. Möge Ihnen, hochverehrte Frau, dieses Jahr wie die früheren unter der liebenden Pflege ihrer anbetungswürdigen Verwandten und des Bruders Sohn (…) ein Blumenpfad sein.«

Der Protest Christophines ist aber nicht nur als eine persönliche Verwahrung zu verstehen; sie gibt sich damit deutlich genug zu erkennen »als eigenständige bürgerliche Existenz der Zeit zwischen Absolutismus und Vormärz«, wie Edda Ziegler in ihrer konzisen Studie »Theuerste Schwester« geurteilt hat. Schillers Schwester brach damit zugleich eine Lanze für ein anderes Verständnis des Alterns und des Alters, das sich erst in unserer Zeit durchzusetzen beginnt. Sie reklamierte nicht nur Respekt vor der Umsicht, mit der sie ihren Alltag versah, sondern bestand auf der Würde der hohen Lebenszeit. Sie setzte sich, indem sie dem klischeehörigen Dichter Bescheid sagte, von den Rollenmustern der Zeit und ihrer Reproduktion in genrehafter Poesie ab, von den Muhmen, den Urahninnen und Großmüttern, denen so viele gereimte und ungereimte Tränen geweint wurden.

Eine »Avantgardistin des Älterwerdens« kann man sie mit Fug und Recht nennen, weil sie ihre ganz späten Jahre eben nicht als Frist der Kümmernis und Gebrechlichkeit verbrachte, sondern bewusst als »Belohnung für mein früheres Leben« mit seinen zahlreichen Prüfungen und Härten verstand. Das Schicksal war ihr vieles schuldig geblieben; nun holte sie es sich, in alltäglicher Rüstigkeit und in weiterhin geselligem Umgang, zurück. Als Sechzig- und Siebzigjährige hatte sie oft über ihre Beschwerden, ihre Missstimmungen geklagt, mit fast neunzig schien sie jeden Tag genossen zu haben. Und das Geschenk einer ausdauernden Gesundheit nahm sie als fromme Christin nicht nur dankbar, sondern als durchaus verdientes an.

Wie es wirklich bei ihr aussah, wirklich um sie bestellt war, hat eine ihrer letzten Besucherinnen beschrieben, die im Sommer 1847, wenige Wochen vor ihrem Tod, bei ihr auftauchte. Es war Emilie Gaab, die Tochter ihrer Stuttgarter Bekannten Luise Pistorius, die wiederum die Tochter des Mannheimer Buchhändlers Schwan war und eine Schwester jener Margaretha Schwan, die Schiller in einer seiner frühen Zukunftslaunen einmal hatte heiraten wollen. Aber Emilie ist nicht an alten Verwicklungen interessiert, sondern an Christophine: »Sie stand mit dem Rüken gegen mich an einem Tischchen u. schob eifrig etwas in den Mund was sich alsbald bei

Letzte Wohnung Christophines. Radierung von Adelheid von Bibra

meinem herzlichen Willkom als Käs auswies, ich sagte ihr ich hätte
ihr Grüße von Dir zu bringen u gab mich zu erkennen worauf sie
ungemein vergnügt war daß ihr Gott diese Freude schenke (…), sie
ist so jung noch, ja sie versicherte mich daß sie ihre 90 Jahre gar
nicht spüre u sich oft wundre daß sie so alt sey. Auf einem 4ekichten
Tischle am Sopha stand eine große Schüßel mit Blumen(;) hin u
her lagen von ihrer Hand zerstreute Gedichte, (…) Bilder von
Schiller hingen hie u da unter andern an der Wand herum. Sie
brachte mir eine Tasse Bischoff u Lebkuchen, u ließ ihrem schwä-
bischen Dialekt hie u da zu meiner großen Freude den Lauf.«

Und dann können wir mit Emilie Gaabs Hilfe auch noch einen
Blick in Christophines Wohnung tun: »Ich folgte ihr in ihr Schlaf-
kabinet als sie in ihrer Lebhaftigkeit einmal hinein gieng das ist
kaum so groß als Dein Alkov nur länglicht, oben am Fenster steht
ein Tischle mit Mahl Aparat wo gerade eine Tulpe angefangen da
lag u unten die Bettlade mit einem weißen Vorhang ganz einfach,
an der Wand hängen ohne Glas eine Menge Malereien u Zeich-

nungen von sich, an einer Wand lauter Blumen, ich sagte sie könnte wohl mir etwas davon mitgeben für Dich worauf sie äußerst freundlich anbot was ich nur wollte (...) Dann küßte sie mich so herzlich, u als ich hinaus fuhr aus Meiningen stand sie in Unterrock und Bettkittel am Fenster.«

Weit mehr als die Verse Schwabs hat sie sich ein anderes literarisches Zeugnis gefallen lassen, das ihr nur wenige Tage später vor Augen gekommen war. Da schickte ihr der Dramatiker und spätere Intendant des Wiener Burgtheaters, Heinrich Laube, die Buchfassung seines Schiller-Dramas »Die Karlsschüler«, das im Jahr 1846 uraufgeführt worden war – eine szenische Collage, in der die Handlung des Stückes mit den Konflikten der Internatsfreunde um Schiller verflochten wird. Das Buch trug eine vom 28. Januar 1847 datierte Widmung, die zwar auch nicht ohne das peinliche Wort von der Matrone auskam, aber dennoch wohl eines der schönsten (und treffendsten!) Dankesworte gewesen ist, die ihr das Leben überhaupt gegönnt hat:

»Der Schwester Schillers, welche so zärtlich von ihm geliebt wurde, welche des Dichters Jugendkämpfe so treulich neben und mit ihm durchgefochten und welche die Zeit noch erlebt hat, da der große Bruder auf den Schaubühnen des Vaterlandes wie ein Held und Schutzengel begrüßt wird, Ihr, der ehrwürdigen Matrone sei dies Buch überreicht in herzlicher und tiefer Ehrerbietung. Heinrich Laube«

Im Dezember 1845 hatte sie noch einmal ein Testament aufgesetzt. Man kann es als ein letztes Dokument ihrer Hilfsbereitschaft und Güte, ihrer gesellschaftlichen Vernetzung und ihrer Anspruchslosigkeit lesen. Da wurden die Armen und das Meininger Georgs-Krankenhaus bedacht, da sollten Erinnerungsstücke an Freundinnen und Fürstinnen, an Nachbarn und Schillers Kinder oder Kindeskinder gehen; da benannte sie auch vertraute Personen, die dafür sorgen sollten, dass alles mit rechten Dingen zugehe; da hatte sie alles so sorgsam für den Todesfall geregelt, wie sie zuletzt ihr Leben geregelt hatte. Aber zugleich ist dieses Schriftstück ein Selbstporträt (wie sie es nie gemalt hat) und erlaubt noch einmal einen Blick in ihren Haushalt, in ihren Alltag.

»Kleidungsstücke«, steht da zum Beispiel, »habe ich(,) da ich schon lange nicht mehr ausgehe, nicht viel angeschafft, auch weil ich immer wenig Werth darauf legte«; aber andererseits konnte sie auch nie etwas wegwerfen: »Es wird sich noch manches Brauchbare finden(,) da ich das Lange Leben mich immer gewehrt habe alles zu Rath zu halten« (= bemüht habe, alles zusammenzuhalten). Auf Schmuck konnte niemand rechnen: »von Preziosen besitze ich gar nichts den(n) ich habe nie Werth darauf gelegt nur folgendes Silber. Meine Golde Taschenuhr (Brautschatz meines Mannes) habe ich nebst 6 silbern Löffeln 1 Vorleglöffel mein(em) Herrn Pathen, den Sohn des Königl. Würteberg. Forstbeamten von Schiller als ein Andenken zugeschikt.« Zwei Dutzend Teller, eine große Terrine und eine kleinere mit Deckel sind der Hausrat an Steingut, aber weiße Tassen gibt es auch, die einzeln verteilt werden; und eine »große Bullion Tasse vo. Ihro Hoheit der Herzogin Ida nebst dem Gelben Glas von Ihro Durchlaucht der Frau Landgräffin« geht an die Schillertochter Emilie. Und auch das Halstuch für den Empfang der englischen Königin findet sich im Nachlass wieder als ein »Graues mit bunter Kante«.

Und natürlich hatte sie, bei aller Freigebigkeit, eine große Zahl eigener Werke angesammelt, über die sie nun verfügte: »Wer von meinen eigenen Zeichnungen und Malereyen gerne etwas zum Andenken wünscht, kann's gegeben werden; ich kann hier nichts bestimmen, besonders wage ich es nicht Höhern Personen etwas anzubieten.« Nur für einen Christuskopf in Öl und das Bild der Fürstin von Neuwied (die mit ihr Kaffee trank) bestimmte sie eine Adressatin. Ihrer Hauswirtin, der alten Freundin Louise Heim, hinterließ sie »alle Möbels in der Wohnstube als Canape, Comode, Stühle, Tische, nebst Fenster(-)Vorhänge, Rollos, Fenster(-)Kissen, Spiegel.« Die darf auch eine Schatulle an sich nehmen, öffnen und den Inhalt nach Gutdünken verschenken.

Aber sie bedachte auch, wie vorläufig alle ihre Bestimmungen waren: »Ich kann gegenwärtig noch nicht wissen wer mir in Krankheit, Pflege und Beistand leisten wird. Auch über *die* Begräbniß kann ich nichts bestimmtes anordnen.« Und dann die große Angst des 19. Jahrhunderts, lebendig begraben zu werden: »Nur bitte ich, daß ich nicht zu früh der Erde übergeben werde, und erst dann, wenn sich Zeichen der Verwesung finden.«

Tätig und auf den Beinen war sie buchstäblich bis zum letzten Tag, den Meininger Freunde rekonstruiert haben. Es war der 30. August 1847. Den Vormittag verbrachte sie mit der Arbeit an einem Aquarell, einem ihrer geliebten Stillleben mit Früchten. Am Nachmittag ging sie zu Fuß ins etwa zehn Minuten entfernte Theater, um ein dort ausgestelltes Gemälde anzuschauen. Gegen Abend erlitt sie einen Schwächeanfall und bat, gegen die Gewohnheit, ihre Aufwärterin, im Zimmer neben ihrer Schlafkammer die Nacht zuzubringen. Sie »starb den 31. Aug. 3 Uhr früh, ohne vorheriges Krankenlager an Schlagfluß, u. wurde den 2ten Sept. 6 Uhr abends mit Gesang und Rede beerdigt«. So steht es im Sterberegister, das wiederum in Band 41 II A, Seite 10, der großen Schiller-Nationalausgabe abgedruckt steht.

Der Meininger Hofprediger Dr. Constantin Ackermann hat ihr die Grabrede gehalten und kurz darauf auch so etwas wie ihre erste Biographie veröffentlicht, »Züge aus dem Lebensbild der Frau Hofräthin Reinwald geb. Schiller«, und darin neben ihrer Tatkraft und Nächstenliebe, der mit Fröhlichkeit gepaarten Frömmigkeit und fabelhaften Rüstigkeit auch eine Eigenschaft betont, die auch aus ihren späten Briefen gesprochen hat: ihr Temperament. Ackermann nannte es Eifer. »Eifern, sich ereifern, sich lebhaft ereifern, – das konnte unsere Heimgegangene auch; sie war keineswegs eine von den marklosen Naturen, denen es von Haus aus an aller Zornmüthigkeit gebricht. Im Gegentheil! sie sprach sich über das, was sie mißbilligte, streng und entschieden aus; Trägheit, Hochmuth, Schwelgerei und Verschwendung konnten sie in lebhafte Entrüstung versetzen, ja sie wurde Feuer und Flamme, wenn empörende Ungerechtigkeiten zur Sprache kamen ...«

Ackermann, der sie gut gekannt und oft besucht haben muss, überlieferte einen denkwürdigen Ausspruch der alten Frau, mit dem sie sich wohl gegen zunehmende Anhimmelung verwahrt hatte: »Bin ich doch so wenig ein Ideal gewesen, als es andere Menschenkinder sind, und hab es auch gar nicht seyn wollen. Wenn etwas Gutes an mir gewesen ist, so ist es meine gute Natur gewesen, – Gottes Gabe.« Der Satz klingt aber auch wie ein fernes Echo auf die »idealischen Träume«, in denen der Bruder aus ihr eine Heldin gemacht hatte; ein Echo als Widerspruch, als Emanzipation vom Traum wie vom Ideal und von der Virtualität des Ruhms, der ihr den Bruder entrückt hatte. Ihre Art des Heldentums – und damit überlässt der späte Biograph dem ersten das letzte Wort – war anderer Art:

»Seht! welche eine Natur! welch eine echt menschliche, rein menschliche, edel menschliche Natur! und wie wohltuend, wie erfrischend, wie erhebend ist doch der Anblick einer solchen Natur, deren Herzschlag Gott und die Liebe ist.«

Postskriptum

Als Christophine im Jahr 1847 starb, fuhren schon gut zehn Jahre lang Eisenbahnen durch Deutschland; aber sie hat nie eins dieser »heulenden Ungeheuer« (Annette von Droste-Hülshoff) bestiegen, denn Meiningen lag abseits der ersten Strecken. Als Christophine starb, war Goethe schon anderthalb Jahrzehnte tot; merkwürdigerweise kam er aber auch zu ihren Lebzeiten in keinem ihrer Briefe vor. Als Christophine starb, bereiteten sich in Deutschland die Unruhen des Vormärz aus, die im folgenden Jahr zu den Revolutionen in Berlin und Wien und zur ersten liberal-demokratischen Bundesversammlung in Frankfurt am Main führen sollten; solche Strömungen, obwohl sie sich auch auf den Bruder beriefen, haben sie nicht mehr tangiert. Als Christophine starb, gründeten Werner Siemens und Johann Georg Halske in Berlin eine Fabrik zur Herstellung von Telegraphen und elektrotechnischen Ausrüstungen: das Zeitalter der Elektrizität begann. Als Christophine starb, stirbt in Dresden auch die letzte von Schillers jugendlichen Amouren: Henriette von Arnim, die einzige Frau, die ihn monatelang mit solcher Leidenschaft in Bann geschlagen hatte, dass er sich nicht zur Arbeit disziplinieren konnte, und in deren Wohnung bis zuletzt ein Bild des Dichters hing.

Als Christophine starb, geriet, trotz der Verehrung, die sie in Meiningen genoss, ihr früheres Testament (aus dem Jahr 1820, mit dem Nachtrag von 1828) nicht allein in Vergessenheit, sondern in den Tiefschlaf der Akten erst des Sachsen-Meiningischen Appellationsgerichtes zu Hildburghausen und dann des Sachsen-Meiningischen Staatsministeriums, Abteilung für Justiz. Aber auch, als es 1915 in Gestalt eines »schlecht umhüllten Päckchen(s)« wieder zum Vorschein kam und dem Meininger Archivar Ernst Koch zur Sichtung übergeben wurde, legte sich, nach dem Aktenstaub, noch einmal der Schleier deutscher Amtsgeheimnisse über die Dokumente: »Ich meldete der Ministerialabteilung für Justiz den kostbaren Fund und sprach die Bitte aus, diese Schriftstücke nicht nur öffnen, sondern auch veröffentlichen zu dürfen. Von dort erhielt ich die Weisung, sie zunächst an den Präsidenten des Landgerichts abzugeben, und etwas später die Nachricht, daß sie vom Amtsgericht Meiningen geöffnet werden sollten. Auf weitere bezügliche Mitteilungen harrte ich vergebens.« Erst im Dezember 1923, nach Ablauf eines Weltkriegs und der Überwindung gekränkter Gefühle, erfuhr der Archivar, dass die Papiere inzwischen eröffnet worden waren, dass aber »wegen der seit dem Tode der Frau Reinwald verflossenen vielen Jahre keiner der gesetzlichen Erben von dem Termin der Testamentsöffnung in Kenntnis gesetzt war«. Rund hundert Jahre nach der Abfassung, 1925, konnte der umsichtige Archivar endlich seinen Fund publizieren. So blieb von dem ohnehin (durchs spätere Testament) überholten Letzten Willen Christophines allein das übrig: Ein weiteres Zeugnis ihres guten Willens.

Anhang

Dank

Auch kleine Bücher brauchen große Hilfe. Mein Dank geht wieder einmal an die Bibliothekarinnen der Hessischen Landesbibliothek in Fulda für ihre Findigkeit bei der Beschaffung entlegener Texte. Vor allem aber habe ich Dr. Michael Davidis vom Deutschen Literaturarchiv zu danken, der diese Arbeit von Beginn an mit Sympathie und Sachkunde begleitet, mit manchem überraschenden Materialhinweis gefördert und die Spurensuche im Marbacher Schiller-Labyrinth zu einem Vergnügen gemacht hat.

Literatur

Schillers Werke, Nationalausgabe. Begründet von Julius Petersen, fortgeführt von Lieselotte Blumenthal und Benno von Wiese. Hg. von Norbert Oellers und Siegfried Seidel. Briefwechsel, 23. bis 40. Band, Weimar 1956ff. Zitiert als: NA.

Maltzahn, Wendelin von, *Schiller's Briefwechsel mit seiner Schwester und seinem Schwager Reinwald*. Leipzig 1875. Zitiert als: MALTZAHN.

Wolzogen, Alfred von, *Schiller's Beziehungen zu Eltern, Geschwistern und der Familie Wolzogen*. Stuttgart 1859. Zitiert als: BEZIEHUNGEN.

Reinwald, Christophine, *Notizen über meine Familie*. Geschrieben im Oktober 1845, S. 337–348. In: Wolzogen, Alfred von, *Schiller's Beziehungen zu Eltern, Geschwistern und der Familie Wolzogen*. Stuttgart 1859. Zitiert als: FAMILIE/BEZIE-HUNGEN.

Reinwald, Christophine, »Schillers Jugendjahre. Eine Skizze von Christophine Reinwald, geb. Schiller. Mitgetheilt von Robert Boxberger«. In: *Archiv für Litteraturgeschichte* 1. Leipzig 1870, S. 452–460. Zitiert als: JUGENDJAHRE.

Schloßberger, August von, *Friedrich Schillers Schwester Christophine*. Zur Feier des Todestages des Dichters (9. Mai 1805) zumeist nach Urkunden des Schillerhauses in Marbach dargestellt. Besondere Beilage des Staatsanzeigers f. Württemberg, 9.5.1892, N. 5–6, S. 65–92. (Enthält vor allem die Briefe Christophines an ihre Schwester Louise, verh. Franckh.) Zitiert als: SCHLOSSBERGER.

Ackermann, Constantin, *Züge aus dem Lebensbild der Frau Hofräthin Reinwald, geb. Schiller*. Meiningen 1847. Zitiert als: ACKERMANN.

Koch, Ernst, *Die letztwilligen Aufzeichnungen der Frau Christophine Reinwald, Schillers Schwester*. Hildburghausen 1925. Zitiert als: KOCH.

Braun, Julius, *Christophine, Schillers Lieblingsschwester*. Ein Lebensbild. Berlin 1903. Zitiert als: BRAUN.

Ziegler, Edda (mit Michael Davidis), *Theuerste Schwester.* Christophine Reinwald, geb. Schiller. Marbacher Magazin 118. Deutsche Schillergesellschaft Marbach am Neckar. Begleitbuch zur gleichnamigen Ausstellung in Meiningen (2007) und Marbach (2007/8). Zitiert als: MAGAZIN.

Kleemann, Gotthilf, *Schloß Solitude bei Stuttgart.* Aufbau/Glanzzeit/Niedergang. Veröffentlichung des Archivs der Stadt Stuttgart. Stuttgart 1966. Zitiert als: SOLITUDE.

Mück, Hans-Dieter, *Schillers Elternhaus in Marbach am Neckar.* Zeugnisse über seine Familie. Schriften zur Marbacher Stadtgeschichte. Schillerverein Marbach am Neckar 1984. Zitiert als: MÜCK.

Schick, Hermann, *Johann Kaspar Schiller zum 200. Todestag.* Sonderdruck. Hg. vom Schillerverein Marbach am Neckar. Stuttgart 1996. Zitiert als: SCHICK.

Weltrich, Richard, *Schiller auf der Flucht.* Hg. von Julius Petersen. Stuttgart/Berlin 1923. Zitiert als: WELTRICH.

Anmerkungen

5 Motto (Brief Christophines an Schiller vom 15.12.1802)

Passepartout für Christophine

9 *Die Heldin in meinen* (Brief Schillers an Christophine vom 1.1.1784)

I. Die Komplizin oder »Inniggeliebte Schwester!«

1. Im doppelten Boden
(Solitude 1)

14 *Moderatore Carlo* (Zitiert nach: *Die Solitude heute. Ein Projekt der Staatlichen Hochbauverwaltung. Ludwigsburg 1990)

15 *das Schloß mit* (Andreas Streicher, *Schillers Flucht von Stuttgart und Aufenthalt in Mannheim von 1782–1785.* Zitiert als: STREICHER)

16 *in einer großen Confusion* (Tagebuch der Gräfin von Hohenheim. Zitiert nach: WELTRICH, S. 18)

18 *Ich hatte als eine* (FAMILIE/BEZIEHUNGEN, S. 347, Anmerkung)
Es wurde erst (ebd., S. 343)
unsere Gäste wollten (ebd.)

19f. *Aber nun, in dieser* (ebd., S. 344)
In der elterlichen (STREICHER, S. 70f.)

20 *Zu den letzten Säuberungs* (SOLITUDE, S. 175)

21 *O meine Liebe* (Brief Schillers an Christophine vom 19.6.1780)

21 *O meine gute* (ebd.)

2. Familienbande
Eine Kindheit im Krieg

24 *ich konde freulich* (Brief Dorothea Schillers an Charlotte oder Schiller vom 12.8.1794)
Meine Mutter war (Brief Schillers an Charlotte und Karoline von Beulwitz vom 3.1.1790)

25 *Die Mutter liebte* (Christophine über ihre Mutter. Zitiert nach: Walter Hoyer (Hg.), *Schillers Leben dokumentarisch in Briefen, zeitgenössischen Berichten und Bildern.* Köln, Berlin 1967, S. 9)
Einst (…) da wir (ACKERMANN, S. 23)

3. Fluchtpunkte
Geheimtreffen mit dem Bruder

II. Der Weg in die Enge oder Das Jahrzehnt der Prüfungen

4. Reinwalds Werbung
(Solitude 2)

52 *Das Gitter* (Brief Reinwalds an Pfranger vom 15.7.1784. Zitiert nach: BEZIE-
HUNGEN, S. 277f.)
Sein Gespräch (ebd.)
Sein Klavierspiel (ebd.)
53 *Für Schiller* (ebd.; Schubarts Geburtsort ist Obersontheim)
54 *besser auslangen* (Brief Kaspar Schillers an Schiller vom 31.7.1784)
Ich kann nicht dafür (Brief Reinwalds an Schiller vom 13.8.1784)
Auch wenn (Brief Reinwalds an Schiller, Anfang 1795)
55 *Was machst denn Du* (Brief Christophines an Schiller vom 8.8.1784)
Schreib mir doch (ebd.)
Ich kann mich fast (ebd.)
56 *Reich wenigstens* (Brief Pfrangers an Christophine; Antwort auf deren Brief
vom 26.1.1785. Unter diesem Datum in NA zitiert.)
Herr Reinwald ist (ebd.)
57 *Da Du mir* (Brief Schillers an Christophine vom 28.9.1985)
Ich kann ihn nicht (ebd.)
58 *Einst meine gute* (ebd.)
Sie haben mir (Brief Schillers an Reinwald vom 15.4.1786)
59 *Ich muß dir* (Brief Reinwalds an Christophine, Handschrift DLA, 8.5.1786)
wurde die Trauung (Brief Kaspar Schillers an Reinwald vom 27.6.1786)
60 *Dieser wollte* (MAGAZIN, S. 33)

5. Szenen einer Ehe
(Meiningen 1)

61 *Der Herzog* (Ludwig Bechstein, »Wanderungen durch Thüringen«. Zitiert
nach: *Mit der Postkutsche durch Deutschland. Reiseerlebnisse aus Romantik und
Biedermeier.* Berlin o.J., S. 130)
der Mensch ist (Brief Schillers an Körner vom 8.12.1787)
62 *Es hat zwar* (Brief Reinwalds an Christophine vom 16.4.1786, Handschrift
DLA)
Du erinnerst Dich (Brief Christophines an Charlotte Schiller vom 16.1.1805)
63 *wie ich sonst* (Brief Reinwalds an Schiller vom 5.10.1786)
Meine Frau (Brief Reinwalds an Schiller vom 12.11.1786)
64 *überdieß kann ich* (Brief Christophines an Schiller vom 25.11.1786)
Aber ich muß (ebd.)
65 *Dein Brief* (Brief Reinwalds an Schiller vom 12.11.1793)
66 *Ich habe ihn recht* (Brief Christophines an Ludovike Reichenbach. Zitiert als
Anmerkung zum Brief Christophines an Schiller vom 6.10.1786)
ein Zimmer (Brief Schillers an Christophine vom 1.8.1787)
bekam ich solche (Brief Schillers an Körner vom 8.12.1787)
67 *er hat mich* (ebd.)
Beide Geschöpfe (ebd.)
Es ist möglich (ebd.)

Wie konnte ich (ebd.)
Ewig Dein (ebd.)
69 *Wie wir hier leben* (Brief Reinwalds an Charlotte Schiller vom 24.9.1790)
Man vertändelt (Brief Christophines an Schiller vom 6.10. 1786)
70 *Der guten Fene* (Brief Dorothea Schillers an Schiller; Datum unbekannt. Zitiert nach: BRAUN, S. 128)
Überhaupt hat seine Frau (ebd.)
71 *Das Berghäuschen* (Brief Reinwalds an Schiller vom 22.7.1794)
72 *so hab ich Dir* (Brief Reinwalds an Schiller vom 14.10.1795)

6. Der Sommer der Katastrophen
(Solitude 3)

73 *Diese Bekanntschaft* (Brief Christophines an Schiller vom 11.5.1796)
74 *Besuche ermüden* (Brief Reinwalds an Schiller vom 30.4.1796)
O meine lieben Kinder (Brief Kaspar Schillers an Schiller vom 29.3.1796)
ich muß alle (Brief Louise Schillers an Schiller vom 6.4.1796)
o mein liebster (Brief Dorothea Schillers an Schiller vom 12.4.1796)
Der Jammer ist (Brief Schillers an Christophine vom 25.4.1796)
75 *Ich kenne Dein* (ebd.)
Licht-Blike (FAMILIE/BEZIEHUNGEN, S. 348)
76 *Ich bin meist* (Brief Christophines an Ludovike Reichenbach vom 5.7.1788)
einer jungen Frau (Michael Davidis, *Die Schillers. Eine Familiengalerie.* Vortrag im Rahmen der Weimarer Schillertage, gehalten am 1.11.2008. Manuskript, S. 5)
weder das Geld (ebd.)
77 *Deine nächste Reise* (Brief Schillers an Christophine vom 18.8.1789)
78 *Art Platzkommandant* (SOLITUDE, S. 147)
79 *Ihr Bild hängt* (Brief Christophines an Schiller vom 11.5.1796)
80 *Auch ists bis jetzt* (Brief Christophines an Schiller vom 10.11.1796)
den Major Schiller (Zitiert nach: Anmerkung zu ebd.)
81 *Der liebe Vater* (Brief Christophines an Schiller vom 10.11.1796)
Ich gehe jetzt (ebd.)
82 *Für Dein edles* (Brief Christophines an Schiller vom 28.6.1796)
Soeben erfahren wir (ebd.)
wohin könten (ebd.)
Das wahr uns alle (Brief Dorothea Schillers an Schiller vom 28.6.1796)
keun Trost oder (ebd.)
83 *so unangenehm* (ebd.)
verderbten und (SOLITUDE, S. 150)
Aber stelle dir (Brief Christophines an Schiller vom 20.7.1786)
84 *Auf alle Fälle* (ebd.)
85 *denn hier ist ja* (ebd.)
86 *Es ist ganz aus dem Reich* (Brief Schillers an Körner vom 1.3.1798)
nur noch eine leere (SOLITUDE, S. 162)

daß sowohl er (SOLITUDE, S. 163)
Die Kugeln (Brief Christophines an Schiller vom 20.7.1796)
87 Wie arbeiteten (Brief Christophines an Schiller vom 21.7.1796)
unter diesen Umständen (Brief Christophines an Schiller vom 20.7.1796)
Seine Eigenheiten (ebd.)
88 in der traurigsten Lage (Brief Christophines an Schiller vom 11.5.1796)
unsre Revenün (Brief Christophines an Schiller vom 7.8.1796)
gegen 2. Uhr (Brief Christophines an Schiller vom 8./9.9.1796)
Aber mein Herz (ebd.)
89 Du erlaubst (ebd.)
Ich für meine (ebd.)

III. Freiheits-Etüden oder Auf der Suche nach dem Ich

7. Stille Post
Die letzte Verschwörung

93 Schon der Vorschlag (Brief Christophines an Schiller vom 27.2.1802)
94 kräme Dein Leben (Brief Dorothea Schillers an Christophine vom 2.4.1802. Zitiert nach Anmerkungen zum Brief Christophines an Schiller vom 27.2.1802)
O liebe Schwester (Brief Schillers an Christophine vom 29.4.1802)
95 Liebster Bruder! (Brief Christophines an Schiller vom 21./22.5.1802)
Wenn nur mein Mann (ebd.)
Da will ich Dir (Brief Christophines an Schiller vom 9.6.1802)
96 Wir könen uns (ebd.)
weit artiger (ebd.)
wo ich sonst (ebd.)
Ich gesteh es Dir (Brief Christophines an Schiller vom 15.12.1802)
97 Überhaupt wünschte sie (Brief Karoline von Wolzogens an ihre Schwester Charlotte Schiller vom 19.5.1802)
98 Ob ich auch wohl (Brief Christophines an Schiller vom 15.12.1802)
Unsere Männer (ebd.)
99 Meine Begriffe (ebd.)
Wollen Sie ferner (Brief Johanna Amalie Ernestine von Marschalls an Schiller vom 15.1.1803)
ich möchte doch gleich (Brief Christophines an Schiller vom 11.1.1804)
100 sonst hätten wir uns (Brief Christophines an Schiller vom 15.1.1803)
Aber den Ton (ebd.)
Ich habe ihm schon längst (ebd.)
aber einen freundlichen (ebd.)
101 Die Richtern hat (Brief Christophines an Charlotte Schiller vom 30.10.1802)
wegen dieser Briefe (Brief Christophines an Schiller vom 15.1.1803)
Sage mir doch (Brief Christophines an Schiller vom 30.4.1803)

102 *Gegen meinen Fleiß* (Brief Schillers an Goethe vom 18.6.1799. Zitiert nach: *Der Briefwechsel zwischen Schiller und Goethe*. Hg. von H. G. Gräf und A. Leitzmann. Leipzig 1955, II. Band, S. 224)
Ich fürchte (ebd., S. 230)
Aus unserer Reise (Brief Reinwalds an Schiller, undatiert, Ende August 1803)

103 *Wie unbeschreiblich* (Brief Christophines an Schiller vom 12.5.1804)
Ach wie gern (Brief Christophines an Schiller vom 30.3.1805)
Man sollte eigentlich (Brief Christophines an Schiller vom 16.1.1805)
Wenn ich ein Mann (ebd.)

104 *Wenn wir nur nicht alle* (BEZIEHUNGEN, S. 306)
die Menschen (ebd.)
ganz in der Tradition (MAGAZIN, S. 24)
denn ich glaube ganz (Brief Christophines an Schiller vom 30.3.1805)
je mehr ich das Schöne (ebd.)

105 *ich war es nicht* (Brief Christophines an Charlotte Schiller vom 15.6.1805)
Ach, meine Theure (ebd.)
Ich werde nicht (Zitiert nach: Rudolf Hiller: »Christophine«. In: Ders., *Die Schwester des Großen Bruders*. Berichte über das Leben berühmter Männer. Berlin 1944, S. 33)
Das Bild vom lieben (Brief Christophines an Charlotte Schiller vom 1.2.1806. Zitiert nach: BEZIEHUNGEN, S. 319 u. S. 322)

106 *er hat ein schönes* (ebd.)
das, was mir das ähnlichste (ebd.)
Ich will auch (ebd.)
Es ist unbegreiflich (ebd.)
Wie manch kummervolle (ebd.)

107 *alle diese unangenehmen* (Brief Christophines an Charlotte Schiller vom 28.12.1813)

8. Wendepunkt
Abschied von Reinwald

109 *Die immer* (Brief Christophines an Charlotte Schiller vom 10.8.1815. Zitiert nach: BEZIEHUNGEN, S. 348)
Ich verliere (ebd.)

110 *die ich mit Hülfe* (Brief Reinwalds an Schiller, undatiert, Juli 1804)
die Begierde (Zitiert nach: »Die Pulververschwörung in England im Jahre 1605, dem dritten der Regierung Jakobs I«. In: BEZIEHUNGEN, S. 172ff.)
konnte sich zwar (ebd.)
Wir kennen eine mächtige (ebd.)

111 *Das alles muß* (Brief Christophines an Charlotte Schiller vom 10.8.1815. Zitiert nach: BEZIEHUNGEN, S. 350)
Dieses Mädchen (Brief Christophines an Charlotte Schiller vom 30.7.1815. Zitiert nach: BEZIEHUNGEN, S. 347)

112 *Wie sonderbar* (Brief Christophines an Charlotte Schiller vom 10.8.1815)

112 *ob es vielleicht* (Brief Christophines an Charlotte Schiller vom 8.5.1816. Zitiert nach: BEZIEHUNGEN, S. 352)

Ich fühle (ebd.)

114 *So fahr' in aller* (Reinwald, »Kutschengedicht«. Zitiert nach: BEZIEHUNGEN, S. 285)

9. Sehnsucht nach dem Vaterland
Fünf Jahre hin und her

117 *Ach, daß ich dich* (Albrecht von Haller, »Sehnsucht nach dem Vaterlande«. In: Ders., *Versuch Schweizerischer Gedichte*. Neunte vermehrte und veränderte Auflage. Göttingen 1762. Reprint: Bern 1969, S. 8)

Da wo wir lieben (Johann Wolfgang Goethe, »Felsweihe«. Zitiert nach: Georg Hensel, *Glückspfennige*. Frankfurt/M. 1995, S. 124)

118 *ländliche Tante* (Brief Christophines an Charlotte Schiller vom 28.12.1810. Zitiert nach: BEZIEHUNGEN, S. 336)

Auch haben wir (Brief Louise Franckhs an Schiller vom 8.3.1805)

jede kleine Unannehmlichkeit (Brief Christophines an Charlotte Schiller vom 8.1.1817. Zitiert nach: BEZIEHUNGEN, S. 355)

119 *Der hiesige Aufenthalt* (ebd.)

Hierselbst bin ich (ebd., S. 356)

ihre kindliche Liebe (KOCH, S. 63–73)

120 *das kleine Andenken* (ebd.)

als ein kleines (ebd.)

121 *Die gute Simanowiz* (Brief Christophines an Charlotte Schiller vom 16.12.1820. Zitiert nach: BEZIEHUNGEN, S. 357)

123 *Wäre ich noch* (Handschrift DLA)

meine liebste älteste (Handschrift DLA)

Sie schläft allein (Brief Christophines an Louise Franckh vom 18.6.1822. Zitiert nach: SCHLOSSBERGER, S. 69)

124 *Mit einem großen Hammer* (Brief Louise Heims an Christophine vom 11.7.1821. Zitiert nach: Handschrift DLA)

stelle dir vor (Brief Christophines an Louise Franckh vom 18.6.1822. Zitiert nach: SCHLOSSBERGER, S. 69)

125 *Es wird freylich* (Zitiert nach: SCHLOSSBERGER, S. 69)

10. Neubeginn am alten Ort
(Meiningen 2)

129 *Du weißt, liebe Schwester* (Brief Christophines an Louise Franckh vom 18.2.1823.
Zitiert nach: SCHLOSSBERGER, S. 70)

130 *Meine Wohnung* (ebd.)

131 *Es ist viel Wießgrund* (Brief Christophines an Louise Franckh vom 2.7.1823.
Zitiert nach: SCHLOSSBERGER, S. 72)
Denk nur (ebd.)

132 *Ich selbst* (ebd.)
Das hättest Du (Brief Christophines an Louise Franckh vom 12.1.1825. Zitiert
nach: SCHLOSSBERGER, S. 75)
Stelle Dir die (Brief Christophines an Louise Franckh vom 6.6.1799. Zitiert
nach: BEZIEHUNGEN, S. 266)

133 *Du kannst denken* (Brief Christophines an Louise Franckh vom 18.1.1834. Zitiert nach: SCHLOSSBERGER, S. 76)
so wäre es eine (Brief Christophines an Frau Notter vom 15.4.1833. Zitiert nach:
BRAUN, S. 172)
Sie werden selbst (ebd.)

134 *Überhaupt habe ich* (Brief Christophines an Louise Franckh vom 12.1.1825. Zitiert nach: SCHLOSSBERGER, S. 79)
Luise Heim ist (ebd., S. 80)

135 *sehr schöne und gebildete* (Brief Christophines an Louise Franckh vom 5.4.1824.
Zitiert nach: SCHLOSSBERGER, S. 76)
Als ich vor ein paar Tagen (Brief Christophines an Louise Franckh vom 12.1.1825.
Zitiert nach: SCHLOSSBERGER, S. 79)
Das Geld für solche (Brief Christophines an Louise Franckh vom 9.12.1826.
Zitiert nach: SCHLOSSBERGER, S. 84)

136 *Über den regelmäßigen* (Ludwig Bechstein, »Wanderungen durch Thüringen«.
Zitiert nach: *Mit der Postkutsche durch Deutschland. Reiseerlebnisse aus Romantik und Biedermeier.* Berlin o.J., S. 130)

11. Die »Tante Reinwald«
Bezugsperson für Schillers Kinder

137 *Ich bin Ernst* (Brief Christophines an Louise Franckh vom 9.12.1826. Zitiert
nach: SCHLOSSBERGER, S. 85f.)
Du kannst denken (ebd.)
Mir will das nie (Brief Christophines an Louise Franckh vom 21.11.1823)

138 *Warum hast du nicht* (Brief Christophines an Louise Franckh vom 9.12.1826.
Zitiert nach: SCHLOSSBERGER, S. 86)
Er war so vergnügt (ebd.)

139 *diese Herren neveus* (Brief Christophines an Louise Franckh vom 16.8.1827.
Zitiert nach: SCHLOSSBERGER, S. 87)
Karoline nahm es sogleich (Brief Christophines an Louise Franckh vom 9.12.1826.
Zitiert nach: SCHLOSSBERGER, S. 85)

140 *Karoline ist gut* (Brief Christophines an Louise Franckh vom 18.1.1834. Zitiert
nach: SCHLOSSBERGER, S. 89)
Seit ich hier bin (ebd.)
Sie hat sehr ordentichen (ebd.)
weil sie zu dieser Reise (Brief Christophines an Louise Franckh vom 3.1.1835.
Zitiert nach: SCHLOSSBERGER, S. 93)

141 *Dort ist die Luft* (Brief Christophines an Louise Franckh vom 20.10.1834. Zitiert nach: SCHLOSSBERGER, S. 88)
Für deinen lieben Brief (Brief Christophines an Ernst Schiller. Datum unbekannt. Zitiert nach: BRAUN, S. 187f.)

12. Die Chronistin
Porträt des Künstlers als junger Mann

143 *Du wirst in den Zeitungen* (Brief Christophines an Louise Franckh vom
9.12.1826. Zitiert nach: SCHLOSSBERGER, S. 86)
Überhaupt sage ich dir (Brief Christophines an Louise Franckh vom 28.12.1835.
Zitiert nach: SCHLOSSBERGER, S. 94)

144 *Neulich las ich* (Brief Christophines an Charlotte Schiller vom 23.1.1810. Zitiert nach: BEZIEHUNGEN, S. 334)

146 *Schon frühe* (JUGENDJAHRE, S. 453)

147 *Dann mußte sich alles* (ebd., S. 455)
Er ging auch gern (ebd.)

148 *und da ordnete ich* (Brief Christophines an Louise Franckh vom 12.1.1825. Zitiert nach: SCHLOSSBERGER, S. 79)
Eine Hauptneigung (JUGENDJAHRE, S. 456)

150 *Dasselbe war mit* (Rudolf Baumbach, »Die Frau Hofräthin«. Eine Jugenderinnerung. In: Dr. Erhard Diez (Hg.), *Rudolf Baumbach.* Ein Beitrag zum Leben
und Schaffen des Dichters. Hildburghausen 1933, S. 102 ff.)

V. Das letzte Jahr oder Besuche bei der alten Dame

155 *wie Schloß und Kirch'* (Gustav Schwab, zitiert nach: MAGAZIN, S. 61)

156 *Dicht am Fenster* (ebd.)

157 *daß Sie in dem hohen Alter* (Brief Christophines an Gustav Schwab vom
14.1.1847. Zitiert nach: Handschrift DLA)
Ehrwürdige (Briefentwurf Gustav Schwabs an Christophine vom 14.1.1847.
Zitiert nach: Handschrift DLA)

158 *Sie stand mit dem Rüken* (Brief Emilie Gaabs an ihre Mutter Luise Pistorius
vom 14.7.1847. Zitiert nach: MAGAZIN, S. 58)

160 *Der Schwester Schillers* (Brief Heinrich Laubes an Christophine vom 28.1.1847.
      Zitiert nach: MAGAZIN, S. 58)
161 *Kleidungsstücke* (Testamentsauszüge aufgrund des folgenden Dokuments: Tes-
      tament der Christophine Reinwald. Original-Abschrift im Stadtarchiv Möck-
      mühl. Beigefügt dem Erbteilungs-Inventar N.4092 vom 3.10.1866 des Kauf-
      manns Johann Georg Kühner, Möckmühl als Beilage Nr. 2 der Anlage Nr. 42.
      Transkription Dr. Andreas Seifert, Meiningen, ergänzt von Ilse Saur, Möck-
      mühl 2005. Sterbebuch-Eintrag NA 41 IIA, S. 10)
162 *Eifern, sich ereifern* (Trauerrede und Nachruf. Zitiert aus: ACKERMANN, S. 18 u.
      S. 24)

Postskriptum

164 *schlecht umhüllten* (Koch, S. 3)
165 *Ich meldete* (ebd.)
      wegen der (ebd., S. 4)

Bildnachweis

S. 19: Elisabeth Christophine Friederike Reinwald, geb. Schiller. Gemälde von Ludovike Simanowiz (1759–1827), 1789 / Deutsches Literaturarchiv Marbach

S. 27: Schillers Eltern, Johann Kaspar Schiller und Elisabeth Dorothea, geb. Kodweiß. Lithographie 1844, nach zeitgenössischen Bildnissen / akg-images

S. 33: Friedrich Schiller. Gemälde von Jakob Friedrich Weckerlin (1761–1851), um 1780. Marbach, Schiller-Nationalmuseum / akg-images

S. 50: Wilhelm Friedrich Hermann Reinwald (1737–1815). Gemälde / Deutsches Literaturarchiv Marbach

S. 71: Apfelstudie, Meiningen 1805, *Roter Herbst Calvil von d. Solitude.* Aquarell von Schillers Schwester Christophine Reinwald (1757–1848) / Deutsches Literaturarchiv Marbach

S. 79: (Christiane) Nanette Schiller. Porträtminiatur (Urheber unbekannt) / Deutsches Literaturarchiv Marbach

S. 122: Elisabeth Christophine Friederike Reinwald, geb. Schiller. Gemälde von Ludovike Simanowiz / Deutsches Literaturarchiv Marbach

S. 159: Letzte Wohnung Christophines. Radierung von Adelheid von Bibra. – Bleistiftvermerk auf der Rückseite d. Blatts: »Wohnung der Elisabeth Christophine Friederike Reinwald, Schillers ältester Schwester zu Meiningen. Geb. 7. Sept. 1757 zu Marbach, gest. 31. August 1847 zu Meiningen. Sie starb nach Mittheilung des Enkels Schillers (6.11.1892) in dieser Wohnung.« / Deutsches Literaturarchiv Marbach

Zeittafel

	Familiendaten	*Historisches*
1756		Ausbruch des Siebenjährigen Krieges (bis 1763). Preußen kämpft gegen die Große Koalition aus Österreich, Frankreich, Russland, Schweden und Sachsen um den Besitz Schlesiens.
1757	4. September: Elisabeth Christophine Friederike Schiller in Marbach geboren. Eltern: Johann Kaspar Schiller, 27.10.1723 – 7.9.1796; Elisabeth Dorothea, geb. Kodweiß, 13.12.1732 – 29.4.1802. Zur Zeit der Geburt Christophines kämpft der Vater auf Seiten der Österreicher gegen die Preußen. Entgeht bei der Schlacht bei Leuthen nur knapp dem Tod.	Im gleichen Jahr wie Christophine geboren: Karl August, Großherzog von Weimar, Karl Reichsfreiherr vom Stein, William Blake, englischer Maler und Dichter, Antonio Canova, ital. Bildhauer (Klassizismus).
1759	10. November: Johann Christoph Friedrich Schiller in Marbach geboren.	Ludovike Reichenbach (spätere Simanowiz) geboren; Porträtistin Schillers und seiner Familie
1764	Die Familie Schiller lässt sich in Lorch bei Schwäbisch-Gmünd nieder, wo der Vater, inzwischen Hauptmann, als Werbeoffizier dient.	
1765		Joseph II., Sohn Maria Theresias, wird Kaiser.
1776	23. Januar: Die Schwester Louise Dorothea Katharina geboren. Ende des Jahres Umsiedlung der	

Familie nach Ludwigsburg; hier
erste Theatereindrücke Friedrich
Schillers, evtl. auch Christophines.
Beginn der Freundschaft mit
Ludovike Reichenbach (später
Simanowiz), die eine hervorra-
gende Malerin wird. Eigene
Zeichen- und Malversuche. Die
Geschwister Maria Charlotte
(1766) und Beate Friederike
(1768) sterben nach kurzer
Zeit.

1769		Napoleon Bonaparte geboren.
1770		Ludwig van Beethoven geboren.
1773	Trennung der Geschwister: Herzog Carl Eugen von Württemberg beordert Friedrich Schiller (der eigentlich in Tübingen Theologie studieren möchte) auf die 1771 gegründete Karlsschule, die zunächst auf der Solitude stationiert ist.	
1774		Ludwig XV. gestorben. Goethe: Die Leiden des jungen Werthers.
1775	Umzug der Karlsschüler in eine Stuttgarter Kaserne. Übersiedlung der Familie Schiller auf die Solitude, wo Kaspar Schiller Intendant der Herzoglichen Gärten wird und eine großzügige Baumschule anlegt. Christophine als Mädchen für alles und Assistentin des Vaters.	
1776		Gründung des Mannheimer Nationaltheaters. Amerikanische Unabhängigkeitserklärung.

1777	8. September: Zwanzig Jahre nach Christophine wird die Schwester Karoline Christiane (Nanette) geboren. Schiller beginnt die Arbeit an den »Räubern«.	Albrecht von Haller gestorben. Heinrich von Kleist geboren.
1778		Voltaire und J. J. Rousseau gestorben.
1781		Lessing gestorben. Kant: Kritik der reinen Vernunft.
1782	Schicksalsjahr für Friedrich Schiller und die Seinen: 13. Januar Uraufführung der »Räuber« am Mannheimer Nationaltheater. Daraus resultierend: Konflikt des jungen Autors mit dem Herzog. 22./23. September: Flucht Schillers (mit Andreas Streicher) aus Stuttgart. Christophine als Mitwisserin während eines Hoffestes auf der Solitude. 22./23. November: Heimliches Treffen der Mutter und Christophines mit dem »ausgewichenen« Bruder in Bretten. Schiller flieht weiter nach Bauerbach bei Meiningen, auf ein Gut der Henriette von Wolzogen, wo er ein halbes Jahr an »Kabale und Liebe« arbeitet. Der Meininger Bibliothekar Wilhelm Friedrich Hermann Reinwald versorgt ihn mit Material und freundet sich mit dem Dichter an.	Großes Hoffest auf der Solitude zu Ehren des russischen Groß- fürsten Paul, des späteren Zaren Paul I. Goethe vom Kaiser geadelt. Friedrich II.: De la littérature allemande.
1783	Rückkehr Schillers aus Bauerbach nach Mannheim, wo er einen Theatervertrag über ein Jahr erhält. Reinwald schreibt an Christophine, nachdem er Briefe von ihr an den Bruder gelesen hat.	

Eine geplante Reise Christophines
zum Bruder zerschlägt sich:
Geldmangel und zu viel Arbeit
auf der Solitude.

1784   Uraufführung von »Luise
Millerin« (»Kabale und Liebe«) in
Frankfurt. 1. Reise Reinwalds zur
Familie Schiller. Der am 11.8.1737
geborene, 20 Jahre ältere
Bibliothekar wirbt um Christo-
phine. Beide besuchen Schiller in
Mannheim und Schwetzingen;
Verstörung, da Schiller sich
vehement gegen die Verbindung
ausspricht.

1785   2. Reise Reinwalds auf die
Solitude. Verlobung mit Christophine, die ihrer Sache nicht sicher
ist. Verstimmter Brief des
Bruders.

1786   22. Juni: Christophine Schiller
und Reinwald heiraten. Das
Ehepaar etabliert sich in Meini-
gen, wo Reinwald eine enge
Wohnung am Markt gemietet hat.
Die »beengten Verhältnisse«
bleiben auch das Merkmal für
die nun folgenden dreißig
Ehejahre.
Schiller gibt das erste Heft seiner
Zeitschrift »Thalia« mit dem Lied
»An die Freude« heraus.

Friedrich II. gestorben. Sein
Nachfolger Friedrich Wilhelm II.
wird in die Koalitionskriege der
90er Jahre verwickelt werden.
Moses Mendelssohn gestorben.
Goethes erste italienische Reise
(bis 1788).

1787   Ende des Jahres Besuch Schillers
bei den Reinwalds in Meiningen;
auf der gleichen Reise lernt er
auch seine spätere Frau, Charlotte
von Lengefeld, und deren
Schwester Karoline kennen.

1788	Schillers erste Begegnung mit Goethe (Rudolstadt). Berufung Schillers auf den Lehrstuhl für Geschichte.	
1789	Reise Christophines mit ihrem Mann zum Besuch der Familie Schiller auf der Solitude. Schiller verlobt sich mit Charlotte von Lengefeld. Ludovike Simanowiz porträtiert die 32-jährige Christophine.	Französische Revolution. 14.7. Sturm auf die Bastille.
1790	Schiller heiratet Charlotte. Ernennung zum Hofrat.	
1791	Krankheitsjahr Schillers. Gerücht von seinem Tod. Im Dezember wird ihm von Christian von Schleswig Holstein-Augustenburg ein dreijähriges Stipendium von je 1000 Talern gewährt.	
1792	Verleihung des Bürgerrechts der Republik Frankreich an Schiller. Die Urkunde erreicht ihn erst sechs Jahre später.	Beginn der sogenannten Koalitionskriege zwischen der französischen Volksarmee und den Truppen der mitteleuropäischen Fürsten. (Bis Ende 1796.)
1793/94	Zum ersten Mal seit seiner Flucht reist Schiller nach Schwaben (Heilbronn, Ludwigsburg). Dort Geburt des Sohnes Karl. Herzog Carl Eugen stirbt, Beisetzung am 24. Oktober. Ludovike Simanowiz porträtiert Schiller, Charlotte, dann auch die Eltern Schiller und Nanette.	Hinrichtung Ludwigs XVI. und wenige Monate später auch seiner Frau Marie Antoinette, einer Tochter Maria Theresias.
1796	Katastrophen-Sommer auf der Solitude. Die Schwester Nanette stirbt (März), der Vater nach langem Krankenlager am	Schlachten mit der französischen Volksarmee bei Amberg und Würzburg. Die Franzosen unter General Moreau ziehen sich

9. September. Christophine hilft
ein halbes Jahr lang der verzweifelten Familie. Schillers Sohn
Ernst geboren.

gegen Ende des Jahres über den
Rhein zurück.

1799   Christophine und Reinwald
besuchen die Schillers in Jena,
ehe die im Dezember nach
Weimar ziehen. Dort enge
Kontakte Friedrich Schillers zu
Goethe.

1800   Uraufführung der »Maria Stuart«.

1801   Uraufführung der »Jungfrau von
Orleans«.

Ermordung des Zaren Paul I.
Friede zu Lunéville (das linke
Rheinufer bleibt französisch).

1802   Schiller zieht in sein neues
(eigenes) Haus. Beginn einer
Geheimkorrespondenz (hinter
dem Rücken Reinwalds) mit der
Schwester Christophine.
Adelsdiplom für Schiller. Tod der
Mutter.

1803

Reichsdeputationshauptschluss:
Viele deutsche Kleinstaaten
aufgelöst Gründung von vier
neuen Kurfürstentümern:
Hessen-Kassel, Baden, Württemberg, Salzburg.

1804   Uraufführung des »Wilhelm Tell«.
Reise nach Berlin (26.4.–21.5.).
Anschließend Besuch der
Reinwalds in Weimar.

Napoleon wird Kaiser.

1805   (9. Mai) Tod Schillers. Damit
erlischt für Christophine die
Hoffnung, der Ehe zu entkom-
men und in den Haushalt des
Bruders zu ziehen. Reinwald wird
Hofrat.

1806		Sieg Napoleons über die Preußen bei Jena und Auerstädt. Ende des Heiligen Römischen Reiches Deutscher Nation. Kaiser Franz II. legt die römische Kaiserwürde nieder.
1813/14		Die deutschen Befreiungskriege gegen Napoleon. Völkerschlacht bei Leipzig.
1814		Napoleon auf Elba.
1815	(6. August) Tod Reinwalds. Christophine nimmt die Nichte Therese ihres Mannes als Pflegetochter bei sich auf. Umzug in ein kleines Haus, das sie bald wieder veräußert.	Wiener Kongress. Schlacht bei Waterloo. Verbannung Napoleons nach St. Helena. Bismarck geboren.
1816/22	Reise »ins Vaterland«. Zunächst bei der Schwester Louise in Möckmühl bei Heilbronn, dann zwei Jahre in Marbach, schließlich in Stuttgart. Die Freundschaft mit Ludovike Simanowiz erneuert sich. Mit der Meininger Freundin Louise Heim Reise in die Schweiz. Dann Rückkehr nach Meiningen, wo sie bis zu ihrem Tod wohnen bleibt.	
1819		Karlsbader Beschlüsse. Restauration unter Federführung Metternichs.
1823/24		Beethoven: 9. Sinfonie mit dem Schlusschor nach Schillers Lied »An die Freude«.
1826	Schillers Frau Charlotte gestorben. Besuch des Schillersohns Ernst bei Christophine (»Tante Reinwald«).	
1827		Ludovike Simanowitz gestorben. Tod Beethovens.

1828	Auf Bitten Andreas Streichers schildert Christophine das heimliche Treffen mit dem Bruder in Bretten kurz nach der Flucht. Auf Anregung von Schillers Schwägerin Karoline von Wolzogen beschreibt sie »Schillers Jugendjahre«.	
1832		Hambacher Fest. Große Kundgebung der süddeutschen Demokraten, die aber 1835 zur Verschärfung der Versammlungsfreiheit führt.
1834/35	Längerer Aufenthalt Christophines bei Schillers Tochter Karoline in Rudolstadt.	
1835		Erste deutsche Eisenbahn von Nürnberg nach Fürth. 1837 Strecke Leipzig-Dresden.
1836	(14.9.) Tod der Schwester Louise in Möckmühl.	
1841	(29.5.) Tod Ernst Schillers.	
1845	Christophine schreibt »Notizen über meine Familie«.	
1846/47	Rencontre mit Gustav Schwab, der mit einem rührseligen Gedicht das Bild der alten Dame entstellt hat.	
1847	(31.8.) Tod Christophines in Meiningen.	Felix Mendelssohn-Bartholdy gestorben. Max Liebermann und Thomas Alva Edison geboren.